国学经典释读 · 李学勤 主编

译解
庄子

叶玉麟 选释

生活·讀書·新知 三联书店

Copyright © 2021 by SDX Joint Publishing Company.
All Rights Reserved.
本作品版权由生活·读书·新知三联书店所有。
未经许可,不得翻印。

图书在版编目(CIP)数据

译解庄子/叶玉麟选释. —北京:生活·读书·新知三联书店,2021.6
(国学经典释读)
ISBN 978 – 7 – 108 – 07112 – 5

Ⅰ.①译… Ⅱ.①叶… Ⅲ.①道家②《庄子》- 译文③《庄子》- 注释 Ⅳ.①B223.55

中国版本图书馆 CIP 数据核字(2021)第 039212 号

责任编辑	赵　炬　周　鹏
封面设计	米　兰
出版发行	生活·讀書·新知 三联书店
	(北京市东城区美术馆东街22号)
邮　　编	100010
印　　刷	常熟高专印刷有限公司
版　　次	2021 年 6 月第 1 版
	2021 年 6 月第 1 次印刷
开　　本	650 毫米×900 毫米　1/16　印张 16.5
字　　数	148 千字
定　　价	49.00 元

出版说明

这是一套写给普通读者的国学经典释读丛书。

"国学"之名,始自清末。当时欧美学术涌入中国,被称为"新学"或"西学",相应的,学界就将中国传统学问命名为"旧学"或"国学"。广义的"国学"包含范围广泛,从哲学、史学、宗教学到考据学、中医学、建筑学等等,本丛书之"国学经典"主要是指先秦诸子百家的著作。这些经典博大精深,是中国传统文化的精髓,是中华民族共同的血脉和灵魂,是连接炎黄子孙的血脉之桥、心灵之桥,吸引一代代中国人阅读、阐释、传承,至今熠熠生辉。

民国时期虽然新学昌盛,但对国学经典的研究和普及并未中断,甚至在二十世纪三十年代掀起出版国学经典的热潮,比如商务印书馆出版的"学生国学丛书"、世界书局的《四书读本》、广益书局的"白话译解经典"系列等等。

今天,出于继承和弘扬中国优秀传统文化的需要,我们精选了民国时热销的经典释读版本,并做适当的加工处理,以适应今日之读者。本丛书收录《广解论语》《广解大学·中庸》

译解庄子

《广解孟子》《译解荀子》《译解韩非子》《译解孙子兵法》《译解庄子》《译解战国策》《译解国语》《译解墨子》《译解道德经》《国学讲话》十二种。这些国学经典释读的编者兼具旧学与新学功底，语言通俗易懂，译解贴近现代。

这次重新出版，我们主要做了五项工作：

第一，为了读者阅读的方便，改竖排为横排，标点符号也随之改为现代横排的规范样式。

第二，变繁体字为简化字，在繁简转换的过程中，对有可能产生意义混淆的用字，做了合理的处理。

第三，采用今天所见较好的古籍版本对原书的选文进行了审校，订正了文句的错、讹、脱、衍。

第四，原书选篇保持不变。

第五，对原书的注释进行了修润，使注释更加准确、易懂。

我们期望，本丛书的出版能够为普通读者提供一个更亲近的读本，也希望以此为契机，对弘扬中国传统文化、普及国学知识起到积极的促进作用。

"国学经典释读"是李学勤先生生前主编的最后一套丛书，李先生在病榻上撰写了总序。2019年2月，先生遽归道山。如今，此丛书顺利出版，是对先生的缅怀。

生活·读书·新知三联书店

总　序

　　大家了解,人类的许多认知和见解,有时可以在历史发展的某些时段得到重合或认同。20世纪三四十年代悄然掀起的国学教育运动,恰恰与现今对中国传统文化的重视与重拾极为相似,其因果大体也是经历由怀疑、批判、否定,到重视、回归并再造这样的过程。

　　20世纪前半叶,可谓中西文化大碰撞、大交融的时代,最为鲜明的是西方文化对于中国传统文化的巨大冲击。清末的"中体西用",尚有"存古学堂"保存国粹,使国学还占有一席之地,而到了民国初年,特别是"壬戌学制"的颁布,主要采用当时美国一些州已经实行了十多年的"六三三制",标志着中国近代以来的学制体系建设的基本完成,以美国为代表的西方教育在中国占据了相当大的地位。此后中国现代化教育每发生一次变化,西方的教育形式与内容就会有所进入,中国传统文化的教育也就有所丧失,中国传统文化的价值体系遭受着越来越多的质疑或否定。对此,一部分具有强烈忧患意识的教育家、文化名流忧心忡忡,并由担心逐渐转而采取行动挽救国学。但是，真正产生影响并引起国人震动的却是国际联盟教育考察团的到访。1931年，当时的南京国民政府鉴于欧美的教育对中国日益增大的影响，邀请以欧洲国家为主体的教育考察团来华考察。考察团用了一年多的时间，考察了中国教育的诸多重镇及学校，提交了《中国教育之改进》的报告书。报告书指出："外国文明对于中国之现代化是必要的，但机械的模仿却是危险的。"该报告书主张中国的教育应构筑在中国固有的文化基础上，对外来文化，特别是美国文化的影响，进行了不客气地批评："现代中国最显著的特征，即为一群人所造成的某种外国文化的特殊趋势，不论此趋势来自美国、法国、德国，或其他国家。影响最大的，要推美国。中国有许多青年知识分子，只晓得模仿美国生活的外表，而不了解美国主义系产生于美国所特有的情状，与中国的迥不相同。""中国为一文化久长的国家。如一个国家而牺牲它历史上整个的文化，未有不蒙着重大的祸害。"报告书切中时弊的评估，使中国知识界与教育界在极大的震动中警醒并反思。随即具有强烈社会责任感的教育界、学术界人士，采取了行之有效的国学教育推行举措，掀起国学教育的声势和热潮，使国学教育得到落实，国学经典深入学校的课堂，进入学生使用的书本，并被整合进学生的知识结构中去。

关于20世纪三四十年代的国学教育的热潮，有两种情况值得关注：一是诸如王国维、梁启超、章太炎、陈寅恪、黄侃、刘师培、顾颉刚、钱穆、吕思勉等大家利用新的研究方法，潜心研究，整理国故，多有建树，推出了一大批国学研究成果，将国学的归结、分类、条理化、学科化的阐述达到了空前的清晰，对当时及后世影响深远；与此同时，教育界、学术界将国学通过渗透的办法，镶嵌入中小学的课程，设立了各个学级的国语必修课和必读书，许多大家列出书单，推介国学典籍的阅读。二是当时出版界向民众普及国学典籍，主要体现在对国学的通俗释读方面，以适应书面语言不断白话的情形。

对于前者，1949年以后，特别是改革开放以来，重新出版了一些相关著作，但后者几乎被忽视或遗忘了，极少再度面世。其实后者在当时的普及和重版率相当高，影响更为深广。

生活·读书·新知三联书店这次整理出版的正是后者。这不仅是因为在那之后均没有重现，重要的是这些通俗释读的书非常适合当今书面语言彻底白话了的读者需求，特别是当读古文和诠释古文已经成为专门家的事情的今天，即便有较高学历的非专业的读者读古文也为之困惑，这类通俗释读国学典籍的书的出版就显得更为迫切。这些书的编撰者文言文功底深厚，又受到白话文运动的洗礼，对文白对应的把握清晰准确。这些书将国学典籍原文中的应该加以注释说明的元素融入白话释读之中，不再另行标注，使阅读连贯流畅，其效果与今天的白话阅读语境基本吻合，可见那时对于国学的通俗普及还是做了些实事的。

这的确是一些为我们有所忽视的好东西，以致可查到的底本十分稀缺，大多图书馆都没有藏品，坊间也难觅得。生活·读书·新知三联书店在千方百计中找到了选用的底本，使得旧时通行的用白话释读经典的读本得以再现。

值得一提的是，这是当时的出版人专门组织出版的一批面向一般民众的国学释读的读本，影响甚大，使得国学经典走入初等文化程度的群体。然而，这些产生过较大影响的读本之所以后来为人所遗忘，其原因可能是出版界推崇名家著述或看重对传统典籍的校勘和注疏。以王缁尘为例，虽然其人名不见经传，但他所编著的关于国学经典释读的一系列的图书，在当时却十分抢手，曾不断重印了十几版。这主要是当时的世界书局看中了他在清末就创办白话报的经历和对国学典籍把握的功力，使其栖身"粹芬阁"，为世界书局专事著述国学通俗释读的书籍。列入本套丛书的《广解四书读本》（今将其分为《广解论语》《广解大学·中庸》《广解孟子》），曾被认为是当时国学出版的盛典，是当时通俗释读国学的代表。"国学经典释读"选择20世纪三四十年代的国学通俗的释读书籍，整理为简体横排进行出版，为当今读者学习国学经典提供了很好的阅读范本，是一件大有助益的好事。

还应该提及的是，出版此套书不仅是为方便读者理解经典，还在于让读者通过这样的阅读，了解当时人们对中华民族和中国意义的认同史。那时的国学教育和学习的热潮，几乎与抗日战争同行,而对中华民族的现代认识,正是在这期间形成的;国学的教育和普及,使国人了解并认同了中国的历史悠久和文化的博大精深,更将几千年来的人们对国家的意识,从以皇室朝廷为中心的概念中分离出来,完成了从"君国"到"国族"的转变。"中国"代表着中华民族全体,是各族人民联合御侮和实现伟大复兴的精神图腾。

2018 年 12 月 10 日

目 录

序 ·· 1

内篇

逍遥游 ·· 3
齐物论 ·· 14
养生主 ·· 41
人间世 ·· 47
德充符 ·· 67
大宗师 ·· 80
应帝王 ·· 102

外篇

骈拇 ·· 113
马蹄 ·· 120
胠箧 ·· 125

刻意 …………………………………… 134

缮性 …………………………………… 139

秋水 …………………………………… 144

至乐 …………………………………… 164

山木 …………………………………… 174

杂篇

外物 …………………………………… 191

寓言 …………………………………… 203

说剑 …………………………………… 211

渔父 …………………………………… 218

天下 …………………………………… 228

序

兴化刘融斋先生，作《艺概》，称《庄子·逍遥游》篇"怒而飞"一语，实能自状其文。庄氏书，自古文家多葆之。史公称其"善属书离辞，指事类情，用剽剥儒墨，虽当世宿学，不能自解免也。其言洸洋自恣以适己，所著十余万言，大抵率寓言也"。自来为注者百数十家，郭象注独为最。陆氏《释文》，多存唐以前旧诂。姚姬传先生，谓《汉志》《庄子》五十二篇。郭象存其三十三篇，宣颖《南华经解》，退《让王》以下四篇于后，盖自苏子瞻皆断其为伪也。近世王益吾祭酒《庄子集解》，号称善本。然先师马通伯《庄子故》，采辑诸家注释，尤为精审，辞絜而旨莹，视前之作者，迥乎过之。向从师治古文，好读归熙甫《评点史记》，而《庄子》尤所深耆笃好，喜征引其文。老懒漂泊江关，未忘积习，会广益书局，请以俗语浅释老、庄、荀三子，因率儿辈，妄以陋识强解之。夫吾国文字高古，新会梁氏，尝称为世界各国冠，其神味隽永，词旨渊懿，全系虚字抑扬，在含咏吞吐间，岂里巷鄙言，所能状其超妙耶？今乃以学校诸生，偏废古文日久，致展卷多昧其辞旨。不得已，妄为语注,知不免为识者所呵也。然语录沿自宋人,儒先讲论经义,不免用里谚以存其真。学者循是以极深研几焉,姑以是为刍狗之陈可矣。书成,盖为惭怍累日夕也。

甲戌九月,桐城叶玉麟

　　内篇七篇乃是《庄子》全书的纲领。其余外篇、杂篇,都是解说这七篇的。并且《庄子》三十三篇,只有内篇七篇最为可信,其余外篇、杂篇,大半是后人写作的。黄庭坚说:"内篇七篇,法度极为谨严;其余二十六篇,都是细解这七篇的。"

逍遥游

　　王先谦说:"《逍遥游》全篇讲:逍遥自在,超脱于世物以外,任天然之理,运行无穷。"郭嵩焘说:"《天下》篇里曾说:'庄子论他自己的道术高深,没有穷境,上和天地的主宰同游。第一篇名《逍遥游》,乃是用空阔无边的话来比喻他自己的。"

　　北冥有鱼,其名为鲲。鲲之大,不知其几千里也。化而为鸟,其名为鹏。鹏之背,不知其几千里也;怒而飞,其翼若垂天之云。是鸟也,海运则将徙于南冥;南冥者,天池也。

　　《齐谐》者,志怪者也。《谐》之言曰:"鹏之徙于南冥也,水击三千里,抟扶摇而上者九万里,去以六月息者也。"野马也,尘埃也,生物之以息相吹也。天之苍苍,其正色邪?其远而无所至极邪?其视下也,亦若是则已矣。

　　且夫水之积也不厚,则其负大舟也无力。覆

杯水于坳堂之上，则芥为之舟，置杯焉则胶，水浅而舟大也。风之积也不厚，则其负大翼也无力。故九万里，则风斯在下矣，而后乃今培风。背负青天而莫之夭阏者，而后乃今将图南。

蜩与学鸠笑之曰："我决起而飞，枪榆、枋，时则不至，而控于地而已矣。奚以之九万里而南为？"适莽苍者，三餐而反，腹犹果然；适百里者，宿舂粮；适千里者，三月聚粮。之二虫又何知？

小知不及大知，小年不及大年，奚以知其然也？朝菌不知晦朔，蟪蛄不知春秋，此小年也。楚之南有冥灵者，以五百岁为春，五百岁为秋；上古有大椿者，以八千岁为春，八千岁为秋，此大年也。而彭祖乃今以久特闻，众人匹之，不亦悲乎！

汤之问棘也是已。汤问棘曰："上下四方有极乎？"棘曰："无极之外，复无极也。穷发之北，有冥海者，天池也。有鱼焉，其广数千里，未有知其修者，其名为鲲。有鸟焉，其名为鹏，背若泰山，翼若垂天之云，抟扶摇羊角而上者九万里，绝云气，负青天，然后图南，且适南冥也。斥鴳笑之曰:'彼且奚适也?我腾跃而上,不过数仞而下,翱翔蓬蒿之间,此亦飞之至也,而彼且奚适也?'此小大之辨也。"

故夫知效一官,行比一乡,德合一君,而征一国者,其自视也,亦若此矣,而宋荣子犹然笑之。且举世誉之而不加劝,举世非之而不加沮,定乎内外之分,辨乎荣辱之境,斯已矣。彼其于世,未数数然也。虽然,犹有未树也。夫列子御风而行,泠然善也,旬有五日而后反,彼于致福者,未数数然也;此虽免乎行,犹有所待者也。若夫乘天地之正,而御六气之辩,以游无穷者,彼且恶乎待哉?故曰:至人无己,神人无功,圣人无名。

尧让天下于许由,曰:"日月出矣,而爝火不息,其于光也,不亦难乎?时雨降矣,而犹浸灌,其于泽也,不亦劳乎?夫子立而天下治,而我犹尸之,吾自视缺然,请致天下。"许由曰:"子治天下,天下既已治也,而我犹代子,吾将为名乎?名者,实之宾也。吾将为实乎?鹪鹩巢于深林,不过一枝;偃鼠饮河,不过满腹。归休乎,君!予无所用天下为！庖人虽不治庖，尸祝不越樽俎而代之矣。"

肩吾问于连叔曰："吾闻言于接舆，大而无当，往而不返，吾惊怖其言，犹河汉而无极也，大有径庭，不近人情焉。"连叔曰："其言谓何哉？""曰：'藐姑射之山，有神人居焉。肌肤若冰雪，绰约若处子；不食五谷，吸风饮露，乘云气，御飞龙，而游乎四海之外；其神凝，使物不疵疠而年谷熟。'吾以是狂而不信也。"连叔曰："然，瞽者无以与乎文章之观，聋者无以与乎钟鼓之声，岂惟形骸有聋盲哉？夫知亦有之。是其言也，犹时女也。之人也，之德也，将磅礴万物以为一，世蕲乎乱，孰弊弊焉以天下为事？之人也，物莫之伤，大浸稽天而不溺，大旱金石流，土山焦而不热。是其尘垢秕糠，将犹陶铸尧、舜者也，孰肯分分然以物为事？宋人资章甫而适诸越，越人断发文身，无所用之。尧治天下之民，平海内之政，往见四子藐姑射之山，汾水之阳，窅然丧其天下焉。"

惠子谓庄子曰："魏王贻我大瓠之种，我树之成而实五石,以盛水浆,其坚不能自举也。剖之以为瓢,则瓠落无所容,非不呺然大也,吾为其无用而掊之。"庄子曰:"夫子固拙于用大矣!宋人有善为不龟手之药者,世世以洴澼絖为事。客闻之,请买其方百金。聚族而谋曰:'我世世为洴澼絖,不过数金,今一朝而鬻技百金,请与之。'客得之,以说吴王。越有难,吴王使之将,冬与越人水战,大败越人,裂地而封之。能不龟手,一也,或以封,或不免于洴澼絖,则所用之异也。今子有五石之瓠,何不虑以为大樽而浮于江湖,而忧其瓠落无所容,则夫子犹有蓬之心也夫?"

惠子曰:"吾有大树,人谓之樗,其大本拥肿而不中绳墨,其小枝卷曲而不中规矩,立之涂,匠者不顾。今子之言,大而无用,众所同去也。"庄子曰:"子独不见狸狌乎?卑身而伏,以候敖者;东西跳梁,不辟高下;中于机辟,死于网罟。今夫斄牛,其大若垂天之云,此能为大矣,而不能执鼠。今子有大树,患其无用,何不树之于无何有之乡,广莫之野?彷徨乎无为其侧,逍遥乎寝卧其下,不夭斤斧,物无害者,无所可用,安所困苦哉!"

[译解]

　　北海有条鱼,名叫鲲。鲲身体极大,不知有几千里长;忽然变成一只鸟,名叫鹏。鹏身体更大,它的背不知道有几千里宽。奋力高飞,它的翅膀像天边垂下的一幅云。鹏鸟每当海动大风起时,就迁徙到南海去——南海空阔无边,不是人工造成的,所以又称作"天的池子"。

　　《齐谐》是一本记怪的书,《齐谐》中曾有这一段:"鹏迁徙到南海时,因为翅膀太大,不能骤起,须就着海面,平迤而上,所以水和翅膀相击,至于三千里之远。然后鼓动它的翅膀,顺着大风,直上云霄,离地九万里。鹏鸟在南海一住约半年。"诸如春日田野中的游丝水气,天空中像尘埃充满似的积气,以及一切生物所出的气息,使得鹏鸟可以飞腾天空。蔚蓝的天色,就是天的本色吗?还是因为天离人远了,才显现此蓝色?如果从上面往下看,不也是这样吗?

　　水如果太浅了,就不能够浮起大的船来。倒一杯水在厅堂低洼的地方,那么只能浮起一茎小草来;若放一个杯子在水上,就胶住不能动了,这是因为水浅而"船"(浮起物)太大了。风的体积小了,就没有力量承托起大鸟的翅膀来,所以虽然高至九万里,下面必有大风,鹏鸟才能依赖此风力而飞;背向着青天前进,中途全无阻碍,鹏鸟才能朝南飞行。

蜩和学鸠(蜩是一种小虫,属于蝉类;学鸠是一种小鸟)看见鹏鸟高飞,就笑它道:"我们疾飞而起,全不必等待起风。有时集在高树上,有时降落在地下,何必要高升至九万里,向南远飞呢?"殊不知:到近郊去的,早上进了食,天晚了回来,肚内还很饱;到百里以外去的,就得备隔夜的粮食;到千里以外去的,就得备三个月的粮食。这两个"虫"哪里知道呢?

智力浅陋的,不能了解智力渊博的理论;寿命短促的,不能知道年代久远以后的事。何以知道如此呢?朝发晚谢的菌子,不知道一月的终始;朝生暮死的蟪蛄(一种虫,属于蝉类),不知道四季的转变,这便是所谓"小年"。楚国的南部有一种树,名叫"冥灵",寿命极长,五百年对于它只似春秋一季;上古时代有一大椿树,八千年对于它只似春秋一季,这便是所谓"大年"。而彭祖(古代长寿的人,曾活到八百岁)反以高寿著名,世上说起长寿的来,都以彭祖的寿为最高,岂不可叹吗?

汤和棘(汤的一个贤臣)谈话,内中曾有这么一段:汤问棘说:"上下四方有极限吗?"棘说:"无极之外,又是无极!北极草木不生的地方,有一大海,空阔无边,好像是天的池子。海内有条鱼,鱼的面积有几千里大,至于它的长度,那简直没有人能够知道,鱼的名字叫鲲。又有一只鸟,名叫鹏,它的背像泰山那么大,翅膀像天边的一幅云,盘着旋风,飞腾直上,达九万里;因为飞得太高了,所以上面的云气都觉稀薄,背靠近了

9

青天,然后朝南飞行,到南海去。小泽中的鸟看见了,笑它道:'它将要到何处去?我飞腾而上,不过几十丈高就降落下来,在蒿草之间盘桓着,这也可算是飞的绝技了,它还有何处可飞呢?'——这就是小大的辨别。"

所以,才能只够做一种官职,善行只够庇护一乡的人民,德望只有一个国君信任,一国国人知晓,他们的地位虽各有不同,可是自视和泽中的小鸟的自得一方,又有何分别呢?宋荣子(宋国的贤人)更加嗤笑他们,宋荣子举世称誉,都不加勉力;举世毁谤,都不为丧气;他能够明白自己比外来的物论高,忘却一切的毁誉,这种人在世上已经很少见了。但是,他只能自守,不能无所待而自行,因为他还有至德未立。像列子驾风飞行,真轻妙极了,过了十五天才回来,得此风仙之福的,也极少有,但是虽乘风游行,免于步行,然必要乘风始能飞行,终不能无待于风。至于顺天地自然的正道,穷阴阳风雨晦明六气的极理,那么便可以游于无穷之境,更无须待其他了。所以说:"至德的人,忘却自己,无心用世;神明的人,忘却立功,无心作为;圣哲的人,忘却求名,无心胜人。"

尧让天下给许由,说:"日月都出了,还点什么炬火?应时的雨都下了,还用什么人工灌溉?先生如为天子,天下立刻治平,我身居其位,而不事事,自觉惭愧。请把天下的重任让给先生!"许由说:"你治天下,天下已经平治了。我再代你做天子,我是要图名吗?名者有虚无实。我是要图实吗?小鸟息在树上，所占不过一根树枝；大鼠饮河里的水，不过是把肚子吃饱。你回去吧！我要天下没有什么用处，厨子虽不去烧饭，设席的和赞礼的终不去干涉樽俎，代厨子烧饭的。"

以上证明：圣哲的人忘却求名。

肩吾问连叔道："我听见接舆的谈论，空大而不恰当，虚远而不近情，使我惊疑不定，像观察天河，没有头绪可寻一样，又像门外和院内，相差极远，一点都不近人情。"连叔道："他说些什么呢？"肩吾道："他说：'遥远的姑射山上，有一神人，肌肉皮肤像冰雪一般洁净，态度柔弱像一个处女；不吃世上的五谷，只吸风饮露；驾着云气，乘着飞龙，到四海以外去游行；他的精神凝结，所到之处，能使万物不坏，五谷丰收。'我所以当他在说诳，不去相信他。"连叔道："可不是吗！瞎子不能看见有文采的景物，聋子不能听见钟鼓的声音。岂但形体上有聋瞎，知识上也有聋瞎。现在你可以算知识上聋瞎了！神人的德，将要和万物混同为一，没有作为，而天下的人民自化，何用劳心去求天下治平呢？像这种神人，万物都不能损伤他，大水滔天不会淹死，大旱虽至金石熔化，土山焦枯，不会热毙他。粗贱的废物，犹能造就尧、舜伟大的功业，他哪里肯以世物为务呢？宋国人贩殷制的冠帽到越国去。越人的习俗：剪断了头发，赤身裸体，上面涂画着文采，全不戴冠帽，所以殷制的冠帽，对于他们全没有用处。尧治天下的百姓，海内的政事既已平定，乃往遥远的姑射山上——在汾水的北面——去见王倪、齧缺、被衣、许由四人。看见他们逍遥自在，尧乃深深地反悟到不应再劳心天下的事物，天下虽仍宗仰尧，可是尧认为他已不再拥有天下了。所以说：尧把天下都遗忘了。"

以上说：神明的人忘却立功。

惠子向庄子道："魏王给了我些大葫芦的种子。我种了，结的葫芦极大，中间可以装五石的容量。可是，用来盛水，它的质料不坚固，举起就碎；分切成两个瓢，又平浅不能容多量的水。虽然大，可是没有什么用处，我所以把它击碎丢了。"庄子道："先生实在不精于使用大的物件。宋国有一个人，会制揉手皮肤不皲裂的药。因为冬天在水中皮肤可以不皲裂，所以世世代代做漂洗布絮的生意。有一个客人听见这种药方，情愿出百金购买，宋人乃聚集了族人，共同商议道：'我家世世以漂絮为业，获利极微。现在卖此药方，一天之内，就可以得到百金！就卖了吧。'客人既得此药方，乃献计于吴王。越国那时适逢有内难，吴王就拜他为将，冬天同越人水战，倚恃有此药，兵士的手脚没有冻裂之患；越人无此药，为吴大败。吴既胜了越，吴王封客以地。同一防皲裂的药，有的用了得封，有的仍不免漂絮，就是因为用的方法不同。现在，你有五石大的葫芦，何不用绳把它结成酒器，缚在腰间，且可以浮渡江河，你反愁它里面平浅，容量太少，你的心思不太迂曲了吗？"

以上解释至人无己。

惠子向庄子道："我有一棵大树，名叫樗。它的树干上木瘤盘结,凸凸凹凹,虽用绳墨,不能使它直;它的小枝弯弯曲曲的,虽用规矩,不能把它制成方圆的器具;放在大路当中,匠人都不去理会它。现在,你所讲的话,大而不适用,也和这树一样,是众人所共弃的了!"庄子道:"你不曾见过狐狸和野猫吗?蹲下身暗伏着,等候来往的鸡鼠;东跑西跳,不管高下,往往中了捕兽的机关,死在陷阱之中。牦牛身体极大,像天边的一幅云,可是不能够捉老鼠。现在你既然有此大树,愁它无用,何不把它种在寂灭莫须有的地方,广大的野外,在它旁边无所事事地盘桓着,在它底下舒适地睡眠着。既然对于人没有用处,自不会遭斧斤砍伐,也不会妨害别人,那么,虽对于人没有用处,也可以免于困苦了。"

　　以上说无用的用处。

齐物论

王先谦说:"天下的一切事物言论,都可以看作齐一。不必加以辩论,只守定我纯一无二的道好了。"

南郭子綦隐几而坐,仰天而嘘,荅焉似丧其耦。颜成子游立侍乎前,曰:"何居乎?形固可使如槁木,而心固可使如死灰乎?今之隐几者,非昔之隐几者也。"子綦曰:"偃,不亦善乎,而问之也!今者吾丧我,汝知之乎?女闻人籁而未闻地籁,女闻地籁而未闻天籁夫!"子游曰:"敢问其方?"子綦曰:"夫大块噫气,其名为风,是唯无作,作则万窍怒呺,而独不闻之翏翏乎?山林之畏佳,大木百围之窍穴,似鼻,似口,似耳,似枅,似圈,似臼,似洼者,似污者;激者,謞者,叱者,吸者,叫者,譹者,宎者,咬者;前者唱于而随者唱喁。泠风则小和,飘风则大和,厉风济则众窍为虚,而独不见之调调、之刁刁乎?"子游曰:"地籁则众窍是已,人籁则比竹是已,敢问天籁?"子綦曰:"夫吹万不同,而使其自已也,咸其自取,怒者其谁邪?"

大知闲闲,小知间间;大言炎炎,小言詹詹。其寐也魂交,其觉也形开,与接为构,日以心斗。缦者,窖者,密者。小恐惴惴,大恐缦缦。其发若机栝,其司是非之谓也;其留如诅盟,其守胜之谓也;其杀若秋冬,以言其日消也;其溺之所为之,不可使复之也。其厌也如缄,以言其老洫也,近死之心,莫使复阳也。喜怒哀乐,虑叹变慹,姚佚启态,乐出虚,蒸成菌,日夜相代乎前,而莫知其所萌。已乎,已乎!旦暮得此,其所由以生乎?

非彼无我,非我无所取,是亦近矣,而不知其所为使。若有真宰,而特不得其眹;可形已信,而不见其形,有情而无形。百骸、九窍、六藏,赅而存焉,吾谁与为亲?汝皆说之乎?其有私焉?如是皆有为臣妾乎?其臣妾不足以相治乎?其递相为君臣乎?其有真君存焉!如求得其情与不得,无益损乎其真。

一受其成形，不亡以待尽，与物相刃相靡，其行尽如驰，而莫之能止，不亦悲乎？终身役役而不见其成功，苶然疲役而不知其所归，可不哀邪？人谓之不死，奚益？其形化，其心与之然，可不谓大哀乎？人之生也，固若是芒乎？其我独芒，而人亦有不芒者乎？

夫随其成心而师之，谁独且无师乎？奚必知代而心自取者有之，愚者与有焉。未成乎心而有是非，是今日适越而昔至也，是以无有为有。无有为有，虽有神禹，且不能知，吾独且奈何哉！

夫言非吹也。言者有言，其所言者特未定也。果有言邪？其未尝有言邪？其以为异于鷇音，亦有辨乎？其无辨乎？道恶乎隐而有真伪？言恶乎隐而有是非？道恶乎往而不存？言恶乎存而不可？道隐于小成，言隐于荣华，故有儒墨之是非，以是其所非而非其所是。欲是其所非而非其所是，则莫若以明。

物无非彼，物无非是，自彼则不见，自是则知之。故曰："彼出于是，是亦因彼。彼是，方生之说也。"虽然,方生方死,方死方生;方可方不可,方不可方可;因是因非,因非因是。是以圣人不由,而照之以天,亦因是因非也。是亦彼也,彼亦是也。彼亦一是非,此亦一是非。果且有彼是乎哉?果且无彼是乎哉?彼是莫得其偶,谓之道枢。枢始得其环中,以应无穷,是亦一无穷,非亦一无穷也。故曰:莫若以明。

以指喻指之非指,不若以非指喻指之非指也;以马喻马之非马,不若以非马喻马之非马也。天地一指也,万物一马也。

道行之而成,物谓之而然。有自也而可,有自也而不可。有自也而然,有自也而不然。恶乎然?然于然;恶乎不然?不然于不然。恶乎可?可于可。恶乎不可?不可于不可。物固有所然,物固有所可。无物不然,无物不可。故为是举莛与楹,厉与西施,恢恑憰怪,道通为一。其分也,成也;其成也,毁也。凡物无成与毁,复通为一。唯达者知通为一,为是不用而寓诸庸。庸也者,用也;用也者,通也;通也者,得也。适得而几已。

因是已,已而不知其然,谓之道;劳神明为一而不知其同也,谓之"朝三"。

何谓"朝三"?狙公赋芧,曰:"朝三而暮四。"众狙皆怒。曰:"然则朝四而暮三?"众狙皆悦。名实未亏而喜怒为用,亦因是因非也。是以圣人和之以是非而休乎天钧,是之谓两行。

古之人,其知有所至矣。恶乎至?有以为未始有物者,至矣,尽矣,不可以加矣!其次,以为有物矣,而未始有封也;其次,以为有封焉,而未始有是非也。是非之彰也,道之所以亏也,道之所以亏,爱之所以成。果且有成与亏乎哉?果且无成与亏乎哉?有成与亏,故昭氏之鼓琴也;无成与亏,故昭氏之不鼓琴也。昭文之鼓琴也,师旷之枝策也,惠子之据梧也,三子之知几乎?皆其盛者也,故载之末年。唯其好之也以异于彼,其好之也,欲以明之,彼非所明而明之,故以坚白之昧终,而其子又以文之纶终,终身无成。若是而可谓成乎?虽我亦成也;若是而不可谓成乎?物与我无成也。是故滑疑之耀,圣人之所鄙也。

为是不用而寓诸庸,此之谓以明。

今且有言于此,不知其与是类乎?其与是不类乎?类与不类,相与为类,则与彼无以异矣。虽然,请尝言之。有始也者,有未始有始也者,有未始有夫未始有始也者。有有也者,有无也者,有未始有无也者,有未始有夫未始有无也者。俄而有无矣,而未知有无之果孰有孰无也。今我则已有谓矣,而未知吾所谓之其果有谓乎?其果无谓乎?

天下莫大于秋毫之末,而太山为小;莫寿于殇子,而彭祖为夭。天地与我并生,万物与我为一。既已为一矣,且得有言乎?既已谓之一矣,且得无言乎?一与言为二,二与一为三,自此以往,巧历不能得,而况其凡乎!故自无适有以至于三,而况自有适有乎!无适焉,因是已。

夫道未始有封,言未始有常,为是而有畛也。请言其畛:有左,有右,有伦,有义,有分,有辩,有竞,有争,此之谓八德。六合之外,圣人存而不论;六合之内,圣人论而不议。春秋经世,先王之志,圣人议而不辩。故分也者,有不分也;辩也者,有不辩也。曰:何也?圣人怀之,众人辩之,以相示也。故曰:辩也者,有不见也。

夫大道不称,大辩不言,大仁不仁,大廉不嗛,大勇不忮。道昭而不道,言辩而不及,仁常而不成,廉清而不信,勇忮而不成,五者无弃而几向方矣。故知止其所不知,至矣!孰知不言之辩,不道之道?若有能知,此之谓天府。注焉而不满,酌焉而不竭,而不知其所由来,此之谓葆光。

故昔者尧问于舜曰:"我欲伐宗、脍、胥敖,南面而不释然,其故何也?"舜曰:"夫三子者,犹存乎蓬艾之间,若不释然何哉?昔者十日并出,万物皆照,而况德之进乎日者乎?"

齧缺问乎王倪曰:"子知物之所同是乎?"曰:"吾恶乎知之!""子知子之所不知邪?"曰:"吾恶乎知之!""然则物无知邪?"曰:"吾恶乎知之!虽然,尝试言之。庸讵知吾所谓知之非不知邪?庸讵知吾所谓不知之非知邪?且吾尝试问乎女:民湿寝则腰疾偏死,鳅然乎哉?木处则惴慄恂惧,猿猴然乎哉?三者孰知正处?民食刍豢,麋鹿食荐,蝍蛆甘带,鸱鸦嗜鼠,四者孰知正味?猿猵狙以为雌,麋与鹿交,鳅与鱼游。毛嫱、丽姬,人之所美也,鱼见之深入,鸟见之高飞,麋鹿见之决骤,四者孰知天下之正色哉?自我观之,仁义之端,是非之涂,樊然淆乱,吾恶能知其辩?"啮缺曰:"子不知利害,则至人固不知利害乎?"王倪曰:"至人神矣!大泽焚而不能热,河汉沍而不能寒,疾雷破山而不能伤,飘风振海而不能惊。若然者,乘云气,骑日月,而游乎四海之外,死生无变于己,而况利害之端乎?"

瞿鹊子问乎长梧子曰:"吾闻诸夫子:'圣人不从事于务,不就利,不违害,不喜求,不缘道,无谓有谓,有谓无谓,而游乎尘垢之外。'夫子以为孟浪之言,而我以为妙道之行也。吾子以为奚若?"长梧子曰:"是黄帝之所听荧也,而丘也何足以知之?且汝亦大早计,见卵而求时夜,见弹而求鸮炙。予尝为女妄言之,女亦以妄听之奚?旁日月,挟宇宙,为其吻合,置其滑涽,以隶相尊。

众人役役，圣人愚芚，参万岁而一成纯。万物尽然，而以是相蕴。予恶乎知说生之非惑邪？予恶乎知恶死之非弱丧而不知归者邪？丽之姬，艾封人之子也。晋国之始得之，涕泣沾襟；及其至于王所，与王同筐床，食刍豢，而后悔其泣也。予恶乎知夫死者不悔其始之蕲生乎？梦饮酒者，旦而哭泣；梦哭泣者，旦而田猎。方其梦也，不知其梦也。梦之中又占其梦焉，觉而后知其梦也。且有大觉而后知此其大梦也。而愚者自以为觉，窃窃然知之，君乎，牧乎，固哉！丘也与女，皆梦也；予谓女梦，亦梦也。是其言也，其名为吊诡。万世之后而一遇大圣，知其解者，是旦暮遇之也。"

即使我与若辩矣，若胜我，我不若胜，若果是也，我果非也邪？我胜若，若不吾胜，我果是也，而果非也邪？其或是也，其或非也邪？其俱是也，其俱非也邪？我与若不能相知也，则人固受其黮暗，吾谁使正之？使同乎若者正之，既与若同矣，恶能正之？使同乎我者正之，既同乎我矣，恶能正之？使异乎我与若者正之，既异乎我与若矣，恶能正之？使同乎我与若者正之，既同乎我与若矣，恶能正之？然则我与若与人俱不能相知也，而待彼也邪？

化声之相待，若其不相待，和之以天倪，因之以曼衍，所以穷年也。何谓和之以天倪？曰：是不是，然不然，是若果是也，则是之异乎不是也，其无辩；然若果然也，则然之异乎不然也，亦无辩。忘年忘义，振于无竟，故寓诸无竟。

罔两问景曰："曩子行，今子止；曩子坐，今子起，何其无特操与？"景曰："吾有待而然者邪？吾所待又有待而然者邪？吾待蛇蚹蜩翼邪？恶识所以然，恶识所以不然？"

昔者庄周梦为胡蝶，栩栩然胡蝶也，自喻适志与！不知周也。俄然觉，则蘧蘧然周也。不知周之梦为胡蝶与，胡蝶之梦为周与？周与胡蝶，则必有分矣。此之谓物化。

[译解]

南郭子綦靠着几坐着，忘了自己的形骸，不自觉地笑了起来,好像他的精神和形体分离了似的。颜成子游(南郭子綦的学生)在旁边侍立,问道:"请问先生何以如此?形骸固然可以使它像枯木一般毫无生气,心还可以使它像死灰一般一念不起吗?此刻靠着几子的,不就是从前靠着几子的人吗?怎么和从前两样了呢?"子綦道:"偃,你问得真好啊!你知道我现在忘却了自己的形骸,破除了自己的成见吗?你听过'人籁'(籁就是箫),未曾听过'地籁';你即使听过'地籁',也未曾听过'天籁'啊!"子游道:"请问这怎么讲?"子綦道:"大地上的气体,寒热相激成的,就叫作风;大风一起,大地上所有的洞穴遇着风,都发出声音来。你不曾听过长风呜呜的声音吗?大山顶上的树木,粗的圆周有几十丈长,上面全是洞穴:有的像人的嘴、耳朵、鼻孔;有的像柱子上的横木承着梁上的方孔;有的像圆圈当中的洞,有的像舂米的石臼;有的像深池;有的像浅穴。一经风吹,发出声音来:有的像水浪冲击声;有的像箭离弓弦声;有的像怒吼一般粗响;有的像呼吸一般尖细;有的轻扬,像高叫声;有的沉浊,像低哭声;有的杳远迂回;有的清脆像鸟鸣。声音有的重,有的轻,莫不和谐。起小风,发出的声音也小;起大风,发出的声音也大。可是大风一息,一切的声音都没有了。你不曾见过大风过后,只有树枝在飘动吗?"子游道:"'地籁'是大地上的洞穴因风发出的种种声音。'人籁'是吹动管竹发出的声音。请问'天籁'是什么呢?"子綦道:"一样的风,吹到大地上的孔穴中,就发出种种不同的声响来。孔穴的发音好像和风没有关系似的,好像每个孔穴都是因了自己的特性本能,而发声音似的,但是,若没有风,一切孔穴中能发出声音来吗?大地上的一切孔穴,都可称为'地籁',它们必定要等待风起,方才能够发出种种的声音来。至于风鼓吹着大地上的孔穴,使它们发出自然的音声,那就叫作'天籁'了。"

以上说:大风吹动地上的孔穴,发出种种的声音,都是出乎自然。能把是非言论,看作像风声一般与我无涉,所以能融通物我,忘却形骸。

人的智理深浅不同:智理深的,举动宽舒;智理浅的,举动精细。人的言语精粗也不同:精于言语的,辞气畅适;不精于言语的,辞意滞塞。人睡眠和醒时也不同:睡时精神交错,醒后目开神悟。人和环境相接,爱恶丛生,自不能不用心计争胜;结果,人有的宽大,有的深沉,有的谨密,这是交结的不同,人品的各异。人小受惊骇,只是忧疑不定,小心恐惧;受了大的惊骇,就会像失了神一般,这是恐惧的不同。是非之论,一存于中,毁誉之论,随口而出,像机弩发箭一般的疾速。胸内一有成见,必定拗执自己的成见,誓不动摇,想胜过别人。是非固执的成见既存于胸中,天真的本性便日就消灭,像草木生物遇着严肃的秋冬,零落了一般;过久了,又像沉溺在水中的人,不能再加振拔了。离天理越远,被人欲遮蔽得越深;人越老,遮蔽得越顽固;结果心地麻木不仁,不能使它更有生气了。

凡是喜、怒、哀、乐、忧伤、恐惧、轻浮、放纵、情欲开放、轻狂无度,这些心理状态虽各不同,都是生于虚无,发于自然。也像空虚的乐器,吹了就发出声音来;又像无形的气,熏蒸了就会生出菌来一样。日和夜轮流相替,究竟从何处起始的呢?唉!这个道理,看上去很难懂,但是实在很容易的,就是一天之内,也可以悟得出来,能悟到这个自然的定律,就可以知道万物的萌生变化,都是由于此。

自然的道理,生出人类,人类又秉承着自然的道理。人类形体上的变化,全和大自然的定律相合;人不过是"自然"的一具小模型罢了。所以,由己身去推求大自然的道理,相差实不甚远。但是主宰大自然的到底是谁呢?自然的道运行,明明有物主使,可是没有形迹可求;"有物支配自然",这句话虽可证实,虽有情有理,可是没有形迹可考。人身体上有手、脚、骨节、孔窍、脏腑等,人对于这些有亲疏的分别吗?还是一切都喜欢呢?还是有所偏私呢?还是把它们都当作我的服役呢?若把它们都当作我的服役,都看作被动的,那么谁是主宰支配它们的呢?它们互相做主宰,互相支配吗?不知道在形体以外,尚存有精神,这个乃是真正的主宰啊!不过,明白此理的,并不会对于这个主宰有所增益;不明白此理的,对于这个主宰也不会有所损坏。

可是人既生,就有形体;有形体,就有死亡。虽然不会立刻死,不过偷生世上,坐待死神的降临罢了。天天和外来的事物抵触,看着光阴飞逝,像马跑得一般快,没有方法去止住它,这不是很可悲的吗?因为一切事物都是物质的,物质乃是虚幻的、暂时的,不是永存的;所以终身劳苦,毫无实在的成功,疲敝至死,终不能有实在的结果,这不是很可哀怜的吗?别人见他形体无恙,都以为他不曾死,这有什么用处呢?这样的人啊,一旦形体死了,连精神和心灵也都毁灭了!这不是更可哀怜的吗?人一生就这般昏昧吗?还是只有我一人这般昏昧,别人不如此呢?

人都具有自己的实有的真心,这个实有的真心乃是大自然的道的一个缩影。人能以此为法则,去发展一切的行动,自不离自然的正道。人人既然都具有此实有的真心,谁没有法则可遵循呢?何必再要去外求自然变化的道理呢?只要顺着这个心志行去好了!虽是愚蠢的人,也有这个实有的真心!如果未曾悟到这个真心的妙道,是非妄见就会层出不穷,就像今天才动身到越国,就说"昨天已经到了"一般,这都是无中生有。无中生有,虽有禹的聪明也不能了解!自己欺骗自己,我对他有什么法想呢?

以上反复唤醒世人。将世人一切知觉形骸尽看为虚幻,是非物论更是眇乎其小,不足介意的了。

言语和起风时发出的声响不同:风吹动发出的是自然无心的声音;至于说话,必定先有了意见,然后发为言语。言语因各有偏见,听者遂不能断定孰是孰非;既不能定其是非,虽说了等于未说,那么,这些言语算不算是句话呢?还是算不得是句话呢?这些言语和初生的小鸟叫声有分别呢,还是没有分别呢?道,因为有所蒙蔽,才有真假的分别;言语,因为有所蒙蔽,才有是非的争辩。道本没有真假,所以能随地皆有;言语本没有是非,所以能无所不可。道的蒙蔽,是因为人执了一管之见,不知大道;言语的蒙蔽,是因为人好慕浮辩之词,不知至理之言。所以儒、墨争辩,不外和对方相难:对方以为"非",我就以为"是";对方以为"是",我就以为"非"。如欲纠正二家的是非之论,只有使他们明白大道,大道既无分别,他们也自无是非的争论了。

世间一切的事物,都是相互对待的,所以才有彼此的分别。在我对别人,都觉得"非";在我看自己,都觉得"是"。因为只去考察对方的是非,所以对于自己的是非之点,反而昏昧;如能反身省察自己一下,就可以明白了。只能见别人的"非",不能见自己的"非",所以总以为自己"是",别人"非"。以别人为"非",出于以自己为"是";以自己为"是",出于以别人为"非"。"自己是"和"别人非"乃是互相对待发生的,所以是非之论随生随灭,变化无定。有人说"某事可",随即有人说"某事不可";有人说"某事不可",随即有人说"某事可";有人说"这个是",就有人说"这个非";有人说"这个非",就有人说"这个是"。只有圣人能超脱于是非之论以外,明了自然的大道,知道"是非"是相因而生的,"彼此"是互相对待的,是没有分别的,"此"就是"彼","彼"就是"此"。彼此都以对方为"非",自己为"是",所以彼此各有一"是",各有一"非",究竟有彼此之分呢,还是没有彼此之分呢?能悟到"彼此"是对待互生的,是虚幻的,就知道道的关键了。明白大道,就可以了解一切是非的言论,皆属虚幻,像环子中间空洞无物一般;是非都是循环相生不已,又像环子的圆圈一般。一是一非,相生无穷,所以,要停止是非之争,彼我之见,只有明白大道了。

用我的指头去比别人的指头,别人的指头对于我的指头似乎"不对",若用别人的指头来比我的指头——用别人的指头做标准——我的指头对于别人的指头又"不对"了。用这匹马做标准去比那匹马,自然这匹马为"是",那匹马为"非";若用那匹马做标准来比这匹马,那匹马又为"是",这匹马又为"非"了。要明白天下没有是非,不如用此反复地相比,就可以晓得"彼""此"二方,以己为是,以彼为非,都是一般无二的。全以"彼"为"非",那么天下就无"是"了;全以自己为"是",天下又无"非"了。明白天下没有一定的是非,指和指,马和马,又有何是非之分呢?指头乃是天地中的一体,马乃是万物中的一物,以此类推,把天地看作一个指头,把万物看作一匹马,那么,天地万物又有何是非呢?

自己以为是"可",就说"是可";自己以为"不可",就说"是不可"。本来没有道路的,因为有了人行走,才成为道路。万物的初始,本没有一定的名称,一切固定的名称,都是因人称呼而成立的,那么,指头也可以说不是指头,马也可以说不是马了。为什么以为这个是对的呢？因为有人以为这个是对的,所以别人都随着称对。为什么以为这个是不对的呢？因为有人以为这个是不对的,所以别人都随着称不对了。论万物的初始,固然有对有不对,有可有不可；若论万物的后起,那不正的名称,随人的"然否"成立的更多。名称更变,本无一定的法则,所以,"无物不然,无物不可"。略举数例：譬如草木的细枝同屋柱,害癞疮的和西施(古时的一个美女),宽大和奇变,狡诈和妖异,由明道的人看去,都可以通达为一,没有分别。分开一物,始可成功数物；成功一物,必须毁坏数物(譬如：砍树木造房屋,散兽毛织毡子)。所以成功和毁坏是相对的,是相因而生的。成就是毁,毁就是成,物既无成也无毁,成和毁都可以通达为一。只有达道的人知道万物齐一的道理,所以不用一己之见,而寄于"寻常之理"。运用"寻常之理",形式上看去无甚用处,但是实际上却有莫大的用处,所以能无往而不通达,无适而不自得,和大道相差无几了。这不过是因任天理的自然罢了,所以虽然近于道,可是不知所以然而然。未曾有心于道,一任自然,这才是道的本体。若劳心费神,去求道的一贯,不知道道本是一贯,那和"朝三"没有分别。

什么叫作"朝三"？从前宋国有一个养猴子的老人,分栗子给猴子吃,先向它们道："早晨吃三个,下午吃四个。"猴子听了,以为太少,全发起怒来。老人道："那么,早晨吃四个,下午吃三个？"猴子听了，以为比先前加多，全喜欢了。数量实在未曾更动，喜怒为的是什么呢？这都是因为执了一偏之见。执了一偏之见，同人劳心费神去求道的通一，又有何分别呢？所以圣人通是非为一，止于自然平衡的地位，物和我各得其所，并行不碍。

古时达道的人能知道一切事物的极点。如何能知道一切事物的极点呢？最极点的是忘去天地万物，以为宇宙间尚未曾有物。这是造乎极端，不能更进了。其次是见到有物，可是尚无彼此之分。其次，虽有彼此之分，尚无是非之别。及至见到了是非，浑然的大道就有所损伤了。道的毁坏是由于有私爱，而私爱的发生，又是因为有了是非之见。道果然有增减吗？道实在是没有增减的。所谓"道有增减"，只是形式上的现象，不是道的本体。现在用昭氏（古来善弹琴的人）的弹琴做譬喻：昭氏弹琴时，五音不能并奏，有此声便没有其余诸声，在此声为"成"，在其余诸声便为"损"，所以就有"成"和"损"了。昭氏悟到此理，放下琴来不弹，五音俱寂，就没有"成"和"损"了。昭文（就是昭氏）放下琴来不弹，师旷（晋平公的乐师）执着鼓椎不敲，惠子（有名的辩论家）靠着几子停止辩论，都是明白"成""损"相因的道理的。他们的才智，对于弹琴、音律和辩论，可算达到极点了，以至其能享当时的盛名，并且记载于典籍，传于后世。但是他们都以为自己所好的，别人都不知道，自认为与众不同，又想把自己所好的明告别人，可是这些并不是别人所必须要晓得的啊！如一定要勉强别人晓得，也像想使大家明白"坚白"（战国时代说士公孙龙所创的一种辩论的学说）的学说，结果大家终不能明白一样。昭文的儿子只会继承他父亲的行业，通一技之长，不能明解大道，可称"没有成就"。以上三人若因才能特异，与众不同，就自以为成就大道，那么，众人之中，如有和其他人不同的，也可以算是成就大道了。若说三人不能算是对于道有所成就，那么，天下没有成就的人正多呢！所以，惑乱大道迷眩世人的，圣人必定要设法除去。圣人不用自己的机智，把一切的事物都用寻常之理来解释，这就叫作"用'本然的光明'来照察事物"。

　　以上说：求道不能执有己见，道本空虚无物，一执己见，便生出是非的妄念，离道便远了。

　　倘使人都执有彼此之见，现在遇着一句言论，不知和我的言论同类呢，还是不同类呢？若务求胜过对方，就援引一些和我相异的言论来为类，那对方和我的不同类，有什么异同呢？大道本难用言语形容，但是，现在于无可说之中，姑且说说：凡物各有个端始；有的尚没有端始，就是端始尚未曾显露出来；有的连"发生端始"的事理都不曾具有。有的说"言语是实有的"；有的说"言语是虚无的"；有的连"言语有无"的争论尚未曾说出；有的连"以为言语是实有或虚无"的念头都不曾起。忽然，有的说"言语是实有的"；忽然，有的说"言语是虚无的"。不知"有言"乃是"无言"的开端,"无言"又是"有言"的未萌。"有言"和"无言"原是循环相因的,所以,"有言"和"无言"二者,到底谁有谁无呢?我既反对有言语,可是现在又不免言语;但是,我的言语,全无是非的成见和言语的机心,所以虽然有言,却不知我究竟曾言语呢,还是不曾言语呢?

由形体上看去,物自然有大小的分别;但是若就性分上看去,物本没有小大的分别;若再以性分的满足为大,那么,秋天兽毛的尖端就比太山还大了。由形体上看去,命像似有短长的分别;但是若就精神上看去,命本没有长短的分别;若再以精神的满足为长,那么,短命的就比彭祖的寿命还长了。若以太山为小,那么天下就没有"大"了;若以秋天的兽毛尖子为大,那么,天下又没有小了;若以短命为长寿,那么天下就没有短命了;若以彭祖为短命,天下又没有长寿的了。既然没有形体的大小,寿命的短长,所以天地虽似寿长,不过和我并生;万物虽似众多,我也和它们相安无事,通为一体。万物既然通为一体,又何用言论呢?可是,说"万物通为一体"即是不能免于言论。道是浑然一体,没有名称的。不过倘使称它"浑然一体",就是又给它加了一个名称了。这个名称和道的本体加起来就有两个数目了。有了一个名称,就生出对应的名称来,这两个名称和道的本体加起来,就有三个数目了。由此继续推加下去,虽然有精于数学的人,都不能分清这些数目,何况一般平凡的人呢?本来没有言语的机心的,一有了言语的机心,已生出三个是非的名称,如有了言语的机心,再去细加辩难,更不胜其烦了。所以,不如除去言语的机心、是非的念头,纯任自然,定我行止。

大道无处不有,有何疆界呢?言语因为有了彼此之见,所以是非没有一定;因为没有一定,所以言论才有种种的分别。有哪几种分别呢?有赞成左的,有赞成右的;有直说的,有评判的;有解释的,有辩驳的;有二人相对辩难的,有许多人互相争论的,都因为各据了一得之见,所以才有这八类的分别。超出天地四方以外的理,不是言语所能形容的,所以圣人搁下不谈。天地四方以内的事理,譬如人所禀的性分,圣人也只随机陈说,不加评判。所以时代的记录和古代帝王的记载,用作治世的法则的,圣人只加议论,终不用私意去辩驳是非。圣人用不加分拆来分清事物,用不加辩论来辩明事物。为什么这样呢?因为圣人认清了事物,只是存在心里;众人对于事物起了个念头,就生出辩论来。辩论乃是矜夸自己的方式,所以说,辩论的发生,是因为不曾见到道之大。大道是无可名称的;精于辩论的人不用是非之论去屈服别人;至仁的人的仁爱是无心的;真廉洁的人无物可以贪取,忘了物我之见,所以外表反没谦让的表示;大勇的人不尚血气之勇,更无心害人。道若外面明显照人,就不是真正的大道;言语若只恃辩论,事物无穷,终有不胜辩的时候;仁爱若守滞一处,就不能普及;廉洁若外面表示清白,内中的实在就不可相信;有勇若害人,必遭众人的忌恨,结果毫无成就。虽然这五者有缺陷,但没有必要抛弃,这样,就接近正确了。人所不知道的大都是性分以外的事。所以,人能止于所知的范围以内,安自己的本分,就是达到学的极点了。谁能知道"不用言语的辩论"和"无可名称的大道"呢?若有能知道的,可称为"天府"——就是浑然不测,无不包藏的意思。如用水作譬,虽灌水进去,也不见满,取水出来,也不见干,不知源流来自何处,这就叫作"葆光"——外面越晦暗,里面越光明。

以上说用言语来显明自己的,都是不明大道。

从前,尧曾问舜道:"我想伐宗、脍和胥敖三国,每当临朝,都不能丢下这个念头,这是什么缘故呢?"舜道:"这三国的国君,所处的地位极卑,你又何必把他们放在心上呢?当初出了十个太阳,并照万物,各不相碍,何况有德之人恩泽普及世人,非太阳所能及,反不能容这三国的国君吗?"

以上比喻物论不齐、并行不碍。

齧缺(王倪的学生)问王倪道:"你知道事物的'绝对的是'吗?"王倪道:"我哪里知道?"齧缺道:"你知道什么是你不知道的吗?"王倪道:"我哪里知道?"齧缺道:"那么,万物也都像你一般这样无知吗?"王倪道:"我哪里知道?但是,让我姑且试着说说:怎么知道我所称为知的,不是一偏之见,实在却是不知呢?怎么知道我所称为不知的,不是大彻大悟,实在却是真知呢?并且,我曾问过你:'人睡在潮湿的地方,就会生半身不遂的病,泥鳅也是这样吗?人登在树木上,就吓得发抖,猿猴也是这样吗?人、泥鳅和猿猴,谁的居处是正当的呢?人吃菜蔬和肉,麋鹿吃草,蜈蚣吃小蛇,猫头鹰和老鸦喜吃老鼠。人、兽、虫和鸟,谁的口味是正当的呢?猵狙(猴类,身体像猿猴,头像狗)和雌猿作配偶;麋(鹿类,比鹿较大)和鹿作配偶;泥鳅和鱼作配偶;毛嫱和丽姬(都是古时的美人),人以为是最美丽的了,可是鱼见了避入水底,鸟见了高飞空际,麋鹿见了奔走不顾。人、鱼、禽和兽,谁知道天下正当的美色呢?照我看来:各执了仁义的偏见,对于自己有利益,对于别人就有害处。互相争论,不外以自己为是,以别人为非,繁杂错乱,我哪里能加以分别呢?"齧缺道:"你不知道利害,那至德之人也不知道利害吗?"王倪道:"至德的人神妙极了!山林焚烧,都不能使他感觉到热;江河冻冰,都不能使他感觉到冷;震破了山的大雷,都不能让他受伤;撼动了海的大风,都不能使他惊惧。他驾驭着云气,乘骑着日月,游散于四海以外,和大自然的变化合为一体,死生的变化都不放在心上,何况利害之端呢?"

以上说:世间无绝对的是非,"至德的人"没有事物的成见,所以外来的事物不能累他。既然因任自然,超脱于世物以外,没有死生,那么利害之端更不足介意了。

瞿鹊子(孔子的学生)问长梧子道:"我听我的先生说过:'圣人无心于寻事务去做,不去就近利益,不去避开祸害,不喜欢取求。唯进求于大道,可是不见求道的形迹。看上去不曾说话，实际却是说了；看上去在说话，实际却是不曾说，超脱于世俗以外.'这都是空阔无边的话，但是我却以为这是含有妙道的话。你以为如何呢？"长梧子道："这个话连黄帝听了都要疑惑不定，丘（孔子名）怎么能够懂得呢？但是你一听见这样的话，就以为是含有妙道的话，断定得未免太早了，这就像才看见鸡蛋，便想有报晓的鸡，才看见弹丸，便想吃鸮鸟的烤肉一般。我且和你随便谈谈，你且随便听听，如何？圣人同日月并明，永没有穷尽之期；包藏天地古今，和万物混合为一；事物若不是浑合无别，而是昏乱错杂的，都丢开不问。凡人都是自相分别尊卑，所以终日劳苦于是非的争论。圣人对于事物不加分别，忘却一切，所以外表反像愚人一般。万年之间，天下事物变化万端，可是圣人只守一大道，所以虽然掺杂千变万化，自己始终精纯不杂。但是，万物何尝不像圣人一样纯一呢？因为是纯一的，所以才能聚积起来。既然精纯为一，又怎么会有死生的变迁、是非的分别呢？我怎么知道贪生不是迷惑，怕死不是像小时流落在异乡，大了不晓得回归故乡呢？丽姬是艾地守封疆人的女儿，晋国迎娶她时，她悲伤得很，连衣服都给哭湿了。等到后来，嫁到晋献公那里，和献公同睡在极舒适的床上，吃美味的菜蔬肉羹，方才懊悔当初不应该哭的。我哪里知道死人当初不懊悔求生的呢？梦境和事实往往相反：梦饮酒的，醒后有时反遭悲伤的事；梦哭泣的，醒后有时反有打猎一类快乐的事。人生悲欢不定，同梦中的变幻没有什么分别，所以人生不过是一梦境。当人在梦境中，并不晓得那是梦，以为是真的。并且，人生在世，深入迷途，又像在梦中做梦。人做梦醒后，才晓得以前是梦；人死了譬如大醒，又才晓得生时也是一场大梦。愚蠢的人不知道自己是在梦中，以为平日是清醒的，反自以为是明察多智哩。世人号称'人君''圣贤'的，都是执迷不悟，自相尊贵，可算得固陋极了。孔丘和你都在梦中！我说你在梦中，自己也在梦中啊！这些话常人听了，必以为怪异。经过一万世以后，遇着一个大圣人能理解这些话，时间都不算得长远，就像早晨到下午一般。

假使我和你辩驳：你若胜了我，你一定是对，我一定是不对吗？我若胜过了你，我一定是对，你一定是不对吗？或者各有对有不对吗？或者两方面都对吗？或者两方面都不对吗？我和你若各执一见，不肯退步，别人更糊涂了，请谁来评判呢？若请和你见解相同的来评判，必偏就你，我自不服，更不能定二人的曲直；若请和我见解相同的来评判，必偏就我，你又不服，又不能定二人的曲直；若请和两方见解都不同的来评判，两方面全不信服，又不能定两方的曲直；请和两方见解都相同的来评判，又没有这样的人，还是不能定两方的曲直。所以你、我和第三者都不能互相了解，更不能求正于别人的评判了。

是非的辩论是互相对待的，既然终不能解决是非的争论，倒不如丢下"彼此相对"的观念，去听任自然之理，安守自然的本分,顺着无穷的变化推演,去享尽天赋的寿命。怎么叫作'安守自然的本分'呢?要知道是、非、然、否,全是虚妄,所以为'是'的未必'是',所以为'然'的未必'然'。'是'若是绝对的是,'是'和'非'就有分别了;'对'若是绝对的对,'对'和'不对'就有分别了。现在你说某事是,我却说某事不是;我说某事是对的,你却说某事是不对的。"可见是、非、然、否都不是绝对的,用理推求,这些都是虚幻的,更用不着辩驳了。既然将生死看破,所以能忘去年岁的长短;将是非看齐,所以能忘去是非的名义,这个大道理膨胀于无穷的空间,寄托于无穷的境界。

　　以上申明:忘去生死,所以是非之见自然消灭,言语的辩论,更不足恃了。

　　半阴影问影子道:"刚才你在行走,现在你停止不动了;刚才你坐着,现在你又立起来了,你怎么这般没有独立的志操呢?"影子说:"我因为有所依赖吗?因为我所依赖的又要依赖别物吗?我的行动是被动的,是须依赖别的物件的,也像蛇的行动要依赖它肚子底下的皮,蜩的飞行须依赖它的翅膀吗?我哪里晓得为什么行动须依赖别物呢?我哪里晓得为什么行动不须依赖别物呢?"

　　以上说:半阴影的行动被影子所主动,影子的主动的又是有形体的物件,有形体的物件的主动的又是精神,所以所重的乃是精神,不是形体。形体都可以置之度外,物论更不足介

39

意了。

　　从前,庄周(庄子名周)曾做一梦,梦到自己变成一只蝴蝶,居然是一只生动的蝴蝶,自己很高兴地飞行着,那时不晓得自己乃是庄周了。忽然梦醒,还是有形体的自己。不知道究竟是庄周做梦变作蝴蝶呢,还是蝴蝶做梦变作庄周呢?庄周和蝴蝶必定有分别了,但是在梦里时,不知庄周和蝴蝶有分别呀!说庄周是蝴蝶也可以,说蝴蝶是庄周也可以。这就叫作"物化"——二物化合为一。

　　以上申明:忘去自己,自己都可以忘去,其余一切是非利害、生死贵贱的观念更不会存在胸中了,还有什么物论呢?

养生主

王先谦说:"顺着事物的自然之理,而不被物所拘泥;忘却情感的悲欢不齐,而不违反天命,这乃是庄子养生的宗旨。"

吾生也有涯,而知也无涯,以有涯随无涯,殆已!已而为知者,殆而已矣!为善无近名,为恶无近刑,缘督以为经,可以保身,可以全生,可以养亲,可以尽年。

庖丁为文惠君解牛,手之所触,肩之所倚,足之所履,膝之所踦,砉然响然,奏刀騞然,莫不中音,合于《桑林》之舞,乃中《经首》之会。文惠君曰:"嘻!善哉!技盖至此乎?"庖丁释刀对曰:"臣之所好者,道也,进乎技矣。始臣之解牛之时,所见无非全牛者;三年之后,未尝见全牛也。方今之时,臣以神遇而不以目视,官知止而神欲行。依乎天理,批大郤,道大窾,因其固然,技经肯綮之未尝,而况大軱乎?良庖岁更刀,割也;族庖月更刀，折也。今臣之刀十九年矣，所解数千牛矣，而刀刃若新发于硎。彼节者有间，而刀刃者无厚，以无厚入有间，恢恢乎其于游刃必有余地矣！是以十九年而刀刃若新发于硎。虽然，每至于族，吾见其难为，怵然为戒，视为止，行为迟，动刀甚微，謋然已解，如土委地。提刀而立，为之四顾，为之踌躇满志，善刀而藏之。"文惠君曰："善哉！吾闻庖丁之言，得养生焉。"

公文轩见右师而惊曰："是何人也，恶乎介也？天与，其人与？"曰："天也，非人也。天之生是使独也，人之貌有与也。以是知其天也，非人也。"

泽雉十步一啄，百步一饮，不蕲畜乎樊中。神虽王，不善也。

老聃死，秦失吊之，三号而出。弟子曰："非夫子之友邪？"曰："然。""然则吊焉若此，可乎？"曰："然，始也吾以为其人也，而今非也。向吾入而吊焉，有老者哭之，如哭其子；少者哭之，如哭其母。彼其所以会之，必有不蕲言而言，不蕲哭而哭者。是遁天倍情,忘其所受,古者谓之遁天之刑。适来,夫子时也;适去,夫子顺也。安时而处顺,哀乐不能入也,古者谓是帝之县解。"

指穷于为薪,火传也,不知其尽也。

[译解]

　　吾人的生命有穷尽,愿望没有止时。要想以有限的生命来完成无穷的愿望,这对于生命是很危险的。不知道这是危险,反以为这是聪明,那就更危险了。若能忘却善恶的观念,就不会有心为善,去求声名;也不会有心为恶,去犯刑法。顺着自然的正道以为常,可以保全身体,可以护全性分,可以奉养父母,可以享尽天赋的寿命。

　　以上说养生的主要宗旨,是全篇的纲领。以下全是设的譬喻,用来解明这段的。

　　梁惠王(魏国的国君)的厨子名叫丁的替王杀牛。一切的动作,譬如用手推动牛,用肩靠近牛,用脚踏牛,用膝压牛,以及牛的皮肉分离声、刀的割切声,全合音节,和《桑林》(汤制的一种舞乐)、《经首》(尧制的音乐)的节奏相合。梁惠王看了叹道:"好啊!手艺精深到这般程度吗?"丁放下刀来回道:"我所喜欢的乃是道,已不止是手艺了。当初我才杀牛时,所看见的，不过是一头完整的牛。三年以后，所看见的不是完整的牛了，乃是牛身上骨节的分解处和筋络的空间。现在我杀牛的时候，只用神理去体悟，不用眼睛去观察，耳目器官都不用，只是运用心神，顺着牛身上皮肉的自然构造，用刀击开骨节连接的地方，分解骨节空虚的地方。因其自然之理，连枝脉、经脉、粘着骨头的肉和连着骨头的筋，都不妨碍我的刀的行动，何况显而易见的大骨头呢？普通称为好厨子的，每年要换一次刀，因为他们用刀去割筋肉，所以用了一年，刀就坏了。次一等的厨子，每月要换一次刀，因为他们用刀去砍骨头，所以用了一个月，刀就坏了。现在我这把刀，已用了十九年，所杀的牛，已有了几千头，可是刀口还是像新磨过的一般。因为牛身上骨节连接的地方有空隙，而我的刀口却没有比它再薄的了。用这般薄的刀，切进骨节当中的空隙，真是宽宽大大，我的刀会有很多空余的地方。所以这刀虽然已经用了十九年，所杀的牛已有了几千头，还是同新磨的刀一般。可是，杀牛时每遇着筋骨结连，繁杂的地方，我也知道不容易办，所以小心谨慎，眼光专注，手脚迟缓，动刀极轻细，牛的骨肉已随刀分解，像泥土溃散落地一般。此时，我提着刀站立，四面一看，心满意足，便把刀子揩干净，藏了起来。"梁惠王道："好啊！我由你这一席话里，得着养生的妙道了。"

以上用牛身上筋骨的槃结来比喻世物的复杂，用刀子来比喻人的心神。杀牛的如懂得乘骨节空虚的地方使用刀，刀便不会损坏;处世的如晓得顺事物自然之理以为常法,外物虽然繁杂,便不会损伤自己的心性。

公文轩看见右师(官名)惊道:"这是什么人?怎么只有一只脚?是天生的吗?还是人为的?"又说:"是由于天命,不是出于人为。人的形体容貌都是天生的,所以晓得这是由于天命,不是出于人为。"

以上说右师被切断了一只脚,虽是由刑法所致,像似人为的,但是因为是"无可奈何"的事,是不能避免的,所以说是出于天命。善养生的安分守己,不用人力去违反天命。

野鸡求食虽不容易,要走十步才吃到一口食;走一百步,才饮到一口水。可是有时适巧被人捉住,关在笼子里面,虽然有人喂养,用不着劳神去求食,它终以为不如在野外自由自在的好。

以上比喻善于养生的要求精神上的舒适,不求物质的享受,否则反被利禄剥夺了自由。

老聃死了,秦失(老聃的友人)去吊丧,只随着别人哭了几声就出来了。他的学生见了问道:"他不是你的朋友吗?"秦失道:"是的。"学生道:"那么,你来吊他,应当表示悲伤,怎么这般,就行了吗?"秦失道:"这样就可以了。我先以为哭的都是他的亲人呢,现在方才晓得不尽是他的亲人,乃是些吊客。当我进去吊的时候,看见有老年人在哭,像父母在哭儿子一般;有年轻的人在哭,像儿子在哭母亲一般。他们会聚在一块哭,必定是情不由衷。不想说话,不得不说出话;不想哭泣,不得不哭出来。这乃是违背天理,违逆人性,忘了他们所受于天的本性。这个古来称作'遁天之刑'——违反天然之理,被世俗的情感所束缚,像受了刑戮一样——夫子(指老聃)应时而生,顺理而死。若能安于时机的进展,顺着自然的变化,把死生'置之度外',悲哀喜乐便不能入于胸中了。这个古来称作'帝之悬解'——人被死生的念头困住,像被倒悬吊着一般痛苦。若能忘去死生,不为情感所动,又像被天帝解放了一样。"

以上说善于养生的看破生死,不为情感所动。

烛薪的燃烧有穷尽,但是火可以传续下去,没有穷尽的时候。

以上用柴比喻人的形体,用火比喻人的精神。形体有毁灭的时候,精神可以永远不死。善于养生的不注重形体,而宝贵精神。

人间世

王先谦说:"'人间世'就是'当世'的意思。此篇说:服事暴虐的人君,居于污乱的世间,和事物交接,应当不要求声名,而隐晦自己的德行,乃是保全身体之道。末了引接舆的歌道:'未来的不可预期,已往的不可追悔。'这乃是庄子借来发他的感慨的,所以称此篇作《人间世》。"

颜回见仲尼,请行。曰:"奚之?"曰:"将之卫。"曰:"奚为焉?"曰:"回闻卫君,其年壮,其行独,轻用其国,而不见其过。轻用民死,死者以国量乎泽若蕉,民其无如矣。回尝闻之夫子曰:'治国去之,乱国就之,医门多疾。'愿以所闻,思其所行,庶几其国有瘳乎!"

仲尼曰:"嘻!若殆往而刑耳!夫道不欲杂,杂则多,多则扰,扰则忧,忧而不救。古之至人,先存诸己而后存诸人,所存于己者未定,何暇至于暴人之所行?且若亦知夫德之所荡而知之所为出乎哉？德荡乎名，知出乎争。名也者，相轧也；知也者，争之器也。二者凶器，非所以尽行也。且德厚信矼，未达人气，名闻不争，未达人心；而强以仁义绳墨之言炫暴人之前者，是以人恶其有美也，命之曰菑人。菑人者，人必反菑之，若殆为人菑夫？且苟为悦贤而恶不肖，恶用而求有以异？若唯无诏，王公必将乘人而斗其捷，而目将荧之，而色将平之，口将营之，容将形之，心且成之，是以火救火，以水救水，名之曰益多。顺始无穷，若殆以不信厚言，必死于暴人之前矣。且昔者桀杀关龙逢，纣杀王子比干，是皆修其身以下伛拊人之民，以下拂其上者也，故其君因其修以挤之，是好名者也。昔者尧攻丛枝、胥敖，禹攻有扈，国为虚厉，身为刑戮；其用兵不止，其求实无已，是皆求名实者也，而独不闻之乎？名实者，圣人之所不能胜也，而况若乎？虽然，若必有以也，尝以语我来！"

颜回曰："端而虚，勉而一，则可乎？"曰："恶！恶可！夫以阳为充，孔扬采色不定，常人之所不违,因案人之所感,以求容与其心,名之曰日渐之德不成,而况大德乎?将执而不化,外合而内訾,其庸讵可乎?""然则我内直而外曲,成而上比。内直者,与天为徒,与天为徒者,知天子之与己皆天之所子,而独以己言蕲乎而人善之,蕲乎而人不善之邪?若然者,人谓之童子,是之谓与天为徒。外曲者,与人为徒也。擎跽曲拳,人臣之礼也,人皆为之,吾敢不为邪?为人之所为者,人亦无疵焉,是之谓与人为徒。成而上比者,与古为徒。其言虽教,谪之实也,古之有也,非吾有也,若然者,虽直而不病,是之谓与古为徒,若是,则可乎?"仲尼曰:"恶!恶可!大多政,法而不谍,虽固亦无罪,虽然,止是耳矣,夫胡可以及化?犹师心者也。"

颜回曰:"吾无以进矣,敢问其方?"仲尼曰:"斋,吾将语若。有心而为之,其易邪?易之者,皞天不宜。"颜回曰:"回之家贫,唯不饮酒、不茹荤者数月矣,如此,则可以为斋乎?"曰:"是祭祀之斋,非心斋也。"回曰:"敢问心斋?"仲尼曰:

"一若志,无听之以耳而听之以心,无听之以心而听之以气。听止于耳,心止于符,气也者,虚而待物者也。唯道集虚,虚者,心斋也。"颜回曰:"回之未始得使,实有回也,得使之也,未始有回也,可谓虚乎?"夫子曰:"尽矣!吾语若,若能入游其樊而无感其名,入则鸣,不入则止,无门无毒,一宅而寓于不得已,则几矣。绝迹易,无行地难,为人使,易以伪,为天使,难以伪。闻以有翼飞者矣,未闻以无翼飞者也;闻以有知知者矣,未闻以无知知者也。瞻彼阕者,虚室生白,吉祥止也,夫且不止,是之谓坐驰。夫徇耳目内通,而外于心知,鬼神将来舍,而况人乎?是万物之化也,禹、舜之所纽也,伏羲、几蘧之所行终,而况散焉者乎?"

叶公子高将使于齐,问于仲尼曰:"王使诸梁也甚重,齐之待使者,盖将甚敬而不急,匹夫犹未可动,而况诸侯乎?吾甚栗之!子常语诸梁也,曰:'凡事若小若大,寡不道以欢成。事若不成,则必有人道之患;事若成,则必有阴阳之患。若成若不成而后无患者,唯有德者能之。'吾食也执粗而不臧,爨无欲清之人。今吾朝受命而夕饮冰,我其内热与?吾未至乎事之情,而既有阴阳之患矣;事若不成,必有人道之患。是两也,为人臣者不足以任之,子其有以语我来!"

仲尼曰:"天下有大戒二:其一命也,其一义也。子之爱亲,命也,不可解于心;臣之事君,义也,无适而非君也,无所逃于天地之间,是之谓大戒。是以夫事其亲者,不择地而安之,孝之至也!夫事其君者,不择事而安之,忠之盛也!自事其心者,哀乐不易施乎前,知其不可奈何而安之若命,德之至也!为人臣子者,固有所不得已,行事之情而忘其身,何暇至于悦生而恶死!夫子其行可矣!

"丘请复以所闻。凡交,近则必相靡以信,远则必忠之以言。言必或传之。夫传两喜两怒之言,天下之难者也!夫两喜必多溢美之言,两怒必多溢恶之言。凡溢之类妄,妄则其信之也莫,莫则传言者殃。故法言曰:'传其常情,无传其溢言,则几乎全。'且以巧斗力者,始乎阳,常卒乎阴,大至则多奇巧;以礼饮酒者,始乎治,常卒乎乱，大至则多奇乐。凡事亦然，始乎谅，常卒乎鄙，其作始也简，其将毕也必巨。夫言者，风波也；行者，实丧也。风波易以动，实丧易以危。故忿设无由，巧言偏辞，兽死不择音，气息茀然，于是并生厉心。克核太至，则必有不肖之心应之，而不知其然也。苟为不知其然也，孰知其所终？故法言曰：'无迁令，无劝成。'过度益也，迁令劝成殆事，美成在久，恶成不及改，可不慎与？且夫乘物以游心，托不得已以养中，至矣！何作为报也？莫若为致命，此其难者。"

颜阖将傅卫灵公太子，而问于蘧伯玉曰："有人于此，其德天杀！与之为无方，则危吾国；与之为有方，则危吾身。其知适足以知人之过，而不知其所以过。若然者，吾奈之何？"

蘧伯玉曰："善哉问乎！戒之，慎之，正汝身也哉！形莫若就，心莫若和，虽然，之二者有患。就不欲入，和不欲出。形就而入，且为颠为灭，为崩为蹶；心和而出，且为声为名，为妖为孽。彼且为婴儿，亦与之为婴儿；彼且为无町畦，亦与之为无町畦；彼且为无崖，亦与之为无崖，达之，入于无疵。汝不知夫螳螂乎？怒其臂以当车辙，不知其不胜任也，是其才之美者也。戒之，慎之，积伐而美者以犯之，几矣。汝不知夫养虎者乎？不敢以生物与之，为其杀之之怒也；不敢以全物与之，为其决之之怒也。时其饥饱，达其怒心，虎之与人异类，而媚养己者，顺也；故其杀之者，逆也。夫爱马者，以筐盛矢，以蜄盛溺，适有蚊虻仆缘而拊之不时，则缺衔、毁首、碎胸。意有所至而爱有所亡，可不慎邪！"

匠石之齐，至乎曲辕，见栎社树。其大蔽数千牛，絜之百围。其高临山，十仞而后有枝。其可以为舟者旁十数。观者如市，匠伯不顾，遂行不辍。弟子厌观之，走及匠石，曰："自吾执斧斤以随夫子，未尝见材如此其美也！先生不肯视，行不辍，何邪？"曰："已矣，勿言之矣。散木也！以为舟则沉，以为棺椁则速腐，以为器则速毁，以为门户则液樠，以为柱则蠹。是不材之木也，无所可用，故能若是之寿。"

匠石归，栎社见梦曰："女将恶乎比予哉？若将比予于文木邪？夫柤、梨、橘、柚、果、蓏之属，实熟则剥，剥则辱，大枝折，小枝泄。此以其能苦其生者也，故不终其天年而中道夭，自掊击于世俗者也，物莫不若是。且予求无所可用久矣，几死，乃今得之，为予大用。使予也而有用，且得有此大也邪？且也若与予也皆物也，奈何哉其相物也？而几死之散人，又恶知散木？"

匠石觉而诊其梦，弟子曰："趣取无用，则为社何邪？"曰："密，若无言，彼亦直寄焉，以为不知己者诟厉也。不为社者，且几有翦乎？且也彼其所保与众异，而以义喻之，不亦远乎？"

南伯子綦游乎商之丘，见大木焉有异，结驷千乘，将隐芘其所藾。子綦曰："此何木也哉？此必有异材夫！"仰而视其细枝，则拳曲而不可以为栋梁；俯而视其大根，则轴解而不可为棺椁；咶其叶，则口烂而为伤；嗅之，则使人狂酲，三日而不已。子綦曰："此果不材之木也，以至于此其大也。嗟夫神人，以此不材！"

宋有荆氏者，宜楸、柏、桑，其拱把而上者，求狙猴之杙者斩之。三围四围，求高名之丽者斩之。七围八围，贵人富商之家求樿傍者斩之。故未终其天年而中道之夭于斧斤，此材之患也。故解之以牛之白颡者与豚之亢鼻者与人有痔病者，不可以适河，此皆巫祝以知之矣，所以为不祥也，此乃神人之所以为大祥也。

支离疏者，颐隐于脐，肩高于顶，会撮指天，五管在上，两髀为胁。挫针治繲，足以糊口，鼓筴播精，足以食十人。上征武士，则支离攘臂而游于其间。上有大役，则支离以有常疾不受功。上与病者粟，则受三钟与十束薪。夫支离其形者，犹足以养其身，终其天年，又况支离其德者乎？

孔子适楚，楚狂接舆游其门曰："凤兮凤兮！何如德之衰也。来世不可待，往世不可追也！天下有道，圣人成焉。天下无道，圣人生焉。方今之时，仅免刑焉。福轻乎羽，莫之知载；祸重乎地，莫之知避。已乎已乎！临人以德。殆乎殆乎！画地而趋。迷阳迷阳，无伤吾行。却曲却曲,无伤吾足。"

　　山木自寇也,膏火自煎也。桂可食,故伐之。漆可用,故割之。人皆知有用之用,而莫知无用之用也。

[译解]

　　颜回到孔子那里去辞行。孔子问:"你到什么地方去?"颜回道:"我将到卫国去。"孔子道:"你去做什么呢?"颜回道:"我听说卫国的国君正当壮年,行事独断,不把国家放在心上,臣子都不敢谏止他的过失。又随意用民战争,死的人积满山泽,好像干枯的草芥一般。人民真是无处可归了。我曾听你说过:'平治的国家,可以离去,因为在那里没事可做;乱弱的国家,应当依就,因为那里的人民等待援救。'譬如医生的门前,有很多的病人。我想用从先生处听来的教训到卫国去实行,或者'卫国的病'可以治好吧?"

　　孔子道:"唉,你恐怕去了就要遭卫君杀害啊!医病和治国都是一个道理:要纯一不杂,杂了就事绪繁多,事绪繁多心里就扰乱,心里扰乱就起忧虑,此时连救自己都来不及,更不能救别人了。古来的圣人,必定要先等自己的道修成了,方才和外人周旋。你现在自己的道尚未曾纯一,哪有工夫去管暴君的行为呢？你晓得德为什么放荡，智为什么外露吗？德所以放荡，是因为好名；智所以外露，是因为争善。好名是攻击的主因，用智是争善的器具，这两个都是有害的器具，不是用来处世的正道。并且，即便自己的德行纯厚、信用实在，也不能和别人气味相投；即使不去争夺声名，也不能得到别人同情的心；何况勉强用仁义法度的话在暴君面前卖弄，必定要被别人忌恨，以为你在夸大自己，必定要说你在祸害他。祸害人的，别人必要反过来祸害你，你恐怕要受别人的祸害了！假使卫君喜欢贤臣，恨恶坏人，那么，他朝里的好人很多，何必你去显明你和众人的不同呢？若卫君果然昏乱，你去了，除非不说话，只要一讲话，卫君必将乘你的弱点，使出他的巧辩来。那时，你眼光昏花，颜色低下，口只营救自己，容貌卑恭，心渐软化，依顺着他，成全他的罪恶。这就好像用火去救火，用水去救水一样。这就是'增加他的罪恶'啊！开始就迁就他，后来必定要永远地依顺他了。你想用忠厚的话去劝止不相信你的人，结果必定要死在暴虐人的面前了！从前，桀杀关龙逢（桀的贤臣），纣杀王子比干（纣的叔父），都是因为他们修身爱民，违反了君王的意志。身居下位，得罪了君王，所以君王因他们好名的心陷害他们，也是不愿意人臣的善名胜过自己罢了。从前，尧伐丛枝和胥敖，禹伐有扈，结果三国的国家毁了，人民死了，国君被杀，都是因为三国喜欢用兵，贪求无厌，这就是求名求实的结果啊！你不曾听说过吗？好名实的人，虽有圣人,也不能感化他,何况是你呢？但是,你此去必有你的把握,你且试说给我听。"

颜回道:"我外貌恭敬,心里谦虚,志气不懈怠,言语专一,这样可以了吗?"孔子道:"唉！这哪里可以呢！卫君骄盛的气充满于内,显扬于外,面色改变不定,平日人都不敢违背他。他压制别人的谏劝,求他自己心内的满足。这种人,每天用小德渐渐地感化他,尚且不成功,何况一时用大德来改变他呢？他必定固执,不被人感动。他听别人谏劝时,虽然外面不反对,可是心里也不加考虑。你想感化他,怎么能成功呢?"颜回道:"那么,我心里诚直,外貌恭敬,劝谏时,引成语和古人的话来比较。心里诚实,和天理相类,和天理相类,自然知道君王和我无分贵贱,全属天生。这样,我说话也不求人以我的话为善,也不求人以我的话为不善,这般天真无私,人将称我作童子,这就叫作'和天相类'。外貌恭敬,得人的好感,执着朝笏跪拜鞠躬,这是人臣应尽的礼节,别人都照着做,我敢不照着做吗？做别人所应做的,别人自不会忌恨我,这就叫作'与人相类'。劝谏时引用成语和古人的话,把言语的责任委在古人的身上,所说的虽是古人的教训,实在却是讽劝现在的人君；言语既出自古人,不是我所造,那言语虽然直率,也不会获罪,这就叫作'与古相类'。用这三个方法,总算可以了吧?"孔子道:"唉！不可以。你改正的法子太多了,言语虽有法度,可是说的时候不晓得侦察别人的意思。别人会以为你只是固陋,不会加罪于你,但是止此罢了,哪里能够感化别人!这还是自师其心啊!"

颜回道:"我没有更好的办法了。请问先生有何方法?"孔子道:"你先斋戒,我再告诉你。有了成心,再去做事,怎么还会容易呢?如果真的容易,那上天也不会允许的啊!"颜回道:"我家里穷,我不饮酒不吃荤,已有几个月了。这样可以算是斋戒吗?"孔子道:"这是祭祀的斋戒,不是心的斋戒。"颜回道:"请问什么叫作心的斋戒?"孔子道:"使你的心志专一。不用耳朵去听,而用心去领解;用心去领解,又不如用气去领会。耳只能听声音,若只用耳听,不用心领,听得的只是一片没有意识的声响;心只能和外物相合,若只用心去领解,不用气去领会,虽明白声音的意思,尚不能了解它的理趣;至于气,乃是虚空无碍的,真道只聚在空虚的心地里。心地空虚,就是'心的斋戒'。"颜回道:"我未曾使用'心的斋戒'的时候,心里觉得有我自己,自从使用'心的斋戒'以后,就忘了有我自己。这样可以算得是心地空虚了吗?"孔子道:"'心的斋戒'你已经明白许多了。我再告诉你:你若能进入卫国的境界,不要因为想求虚名,去感动卫君,卫君听从你的话,你就说,不听从你的话,你就不说,没有间隙让他乘,处心于至一的道,必等到不得不说话的时候再讲,这就离道不远了。不走路是很容易的,走路要不着痕迹就很难了。处世若有了成心,就容易作伪;处世若没有成心,就难作伪了。我只听过鸟有翅膀才能

59

飞,不曾听过鸟没有翅膀也能飞的;我只听过人有心智才能明晓事情,不曾听过人没有心智也能了解事物的。如能把万物都看作空虚一样,就能使自己的心地空虚;心地能够空虚,人自然就有光明。若不能使精神安定,这就是所谓:'形貌安静,精神外越。'使耳目等器官内通于心,把心智屏除于外,若能这样,连鬼神都来依附,何况人呢?非但能感化人,并且连万物都会来依顺。这是禹和舜处世的关键,伏羲和几蘧(上古的帝王)终身所行的大道,何况平凡的人呢?"

以上说谏争的方法。

叶公子高(名诸梁,号子高,是楚国的大夫)负了楚王的使命,将到齐国去,来问孔子道:"王付托我的使命极端重大,可是,齐国待外国的使臣,外表虽然恭敬,实际却不肯帮别人的忙。去感动一个平民尚且不容易,何况一国的国君呢?因此我觉得很可怕。你曾对我说:'凡事无论大小,如不依着道而成就,少有不发生后悔的。'现在,我的使命若失败,必要受王的刑罚;若成功,又必须费思虑,受喜惧的刺激,阴阳二气错乱,必生疾病。若成功若失败都没有后悔的,只有盛德的人才能够做到。我平日的饮食极为粗粝,不求精美,厨子们因为烹调省事,都不会嫌热去求清凉。现在,我早晨受了王的使命,晚上就觉得燥热,要饮冰水,是因为我心中忧虑过度,生了内热的病吗?我的使命尚未曾实际进行,阴阳二气已经不调,生内热的病;倘使使命再不成功,必定还要受王的刑罚,那我就有两重忧患了,做人臣的怎样受得住呢？请你教我避免忧患的方法。"

孔子道："天下有两个大法则：一是天命，一是人为。儿女喜爱父母，这是天命，是人所不能解脱的；臣子服事人君，是人为，无论何国都有人君，在天地之间，'事君'是无可逃避的。天命和人为就是我所说的法则。所以事父母的，无论环境如何，都求父母的安适，便是尽孝；事人君的，无论事体是否危险，都安心做去，便是尽忠。事亲和事君若能这般不加选择，顺命做去，虽然环境有苦乐的不同，忠孝的心自不会改变。知道这些都是无可奈何的事，只有安心做去，像命里注定了的一般，便是至德的人。做人臣子的，固然有不得已的事，但是只须尽力朝实际做去，不顾自己的身体，自不会起贪生怕死的念头。先生，你去好啦！

"我再告诉你我从前所听的话：大凡外交，对于邻近的国家，必用信用去求亲顺；对于远国，必用言语去结信用。用言语，必用使臣传达。至于传两国国君喜怒的话，实在是天下最难的事。因为两国国君喜悦的话，必定过于美；两国国君忿怒的话，必定过于恶；大凡美恶过甚的话，都像是使臣假造的，那么人君听了，必要疑惑，国君疑惑使臣，使臣就有灾祸了。所以古来格言曾说过：'只传达平常的实情，不传达美恶过分的话，或者可以保全自己。'譬如：用拳技角力的，起先明为游戏，结果暗用阴谋，互相伤害，甚至于诡计百出，谋害对方；用礼饮酒的，起初依循规矩，结果每至于迷醉昏乱，甚至于做淫荡的游戏。凡事都是这样：起初诚信，结果往往欺诈。事的起端极微小，结果范围扩大。言语好像风浪，传达言语，有得有失；风浪容易兴动，得失无定，容易遭危险。所以愤怒的起端，没有旁的缘由，只是因为虚巧一偏的话相欺而成的。譬如把兽逼在无可逃避的地方，兽必定怪叫起来，气息愤怒，起了伤人的恶念；同样，一个人如待人太苛刻，别人必起恶意谋害他，但是他自己尚不曾觉悟哩！自己尚不曾觉悟，结果有不被害的吗？所以古来的格言也曾说过：'不要改变国君的使命，不要勉强令事情成功。'行事过分，就是增减了国君的使命。想更改使命，用勉强成事，都足以令事情失败。好事不是一时可以成功的，坏事一形成，就不容易挽救了。这个可以不谨慎的吗？随着事物的本性，寄托我的使命；顺着必然的道理，去应接外界的事物，培养我心中中和之气，这乃是达于道的极致。你只替齐君传达使命，何必要加你自己的意思在中间呢？只传达使命，我和这个事务像没有关系似的，这是很难的。"

以上说处世交际的方法。

颜阖（鲁国的贤人）被聘请去做卫灵公的太子的师傅，去问蘧伯玉（卫国的大夫）道："现在有一个人，他真的是没救了！若任随他没有法度，他以后必要危害国家；若用法度去约束他，他先就要危害我。他的聪明只能寻别人的过失，责备别人，可是不能见到他自己的过失。像这样的人，我应当怎样去教化他呢？"

蘧伯玉道："你这问题很好！你应当自己先警戒当心，使你自己没有过失。外貌最好对人亲近，心里最好对人和顺。但是，光是这般，还有忧患。外貌亲近，不能依纵他，使他犯罪；心里虽然和顺，不可以显露自己的好处。外貌亲近，任他作恶，结果他必要失败毁灭，并且祸害国家；心里和顺，显露你自己的好处，他必要忌妒你的声名胜过了他，必要设法谋害你。他如果像婴孩一般没有知识，你也要随着他像婴孩一般没有知识；他如果行动不守规矩，你也要随着他行动不守规矩；他如果放纵不拘，你也随着他放纵不拘，顺着他的意志，渐渐地将他引到没有过失的正路上。你不晓得螳螂吗？螳螂奋力举起它的臂膀来抵挡车轮，不知道自己的力量不够，反而以为自己的本事大。所以你要警戒，要当心，常常夸耀你自己的好处，去忤犯他，就危险了。你不晓得养老虎的吗？不敢拿活物给它吃，恐怕它扑杀活物时动怒；不敢拿整的食物给它吃，恐怕它分裂食物时动怒。饮食都有一定的时间，顺着它喜怒的性情去驯服它。老虎和人虽然不同类，可是人若顺着它的性情，它对人自会驯服；至于它伤害人，都是因为人违反了它的性情。喜欢马的，用竹筐去承接马粪，用灰泥的器具去承接马尿。适巧有蚊虫和蚤虱集在马的身上，爱马的人没来得及替它拍除蚊虫和蚤虱，马必定要咬断口勒，把头上和胸上的装饰一齐毁坏，怒气一至，立刻将人爱自己的心都忘了，可以不加谨慎吗？"

以上说处世教化人的方法。

名叫石的匠人往齐国去,到了曲辕,看见社(祭土地神的地方)里的栎树,这棵树大到可以让几千头牛蔽阴。树的粗干的圆径有百围(一围等于十丈);像山阜一样高,八丈以上,才生有树枝;用它的材料,可以造十几条船。看的人多极了,可是匠人一看都不看,往前行走,更不停止。他的徒弟饱看了一番,追上匠人道:"自从我们拿了斧头跟随先生学手艺,还未曾见过这么好的材料。先生连看都不肯看,往前进行,更不停止,是为什么呢?"匠人道:"罢了,不要再多说吧!那是没有用的木头:用来做船,就要沉;用来做棺材,腐败得快;用来做器具,又不结实;用来做门户,又有汁液流出来;用来做屋柱,又容易蛀坏。这棵树材料不好,所以它的寿命能够这般长。"

匠人回来之后,夜里梦到栎树对他讲道:"你将要拿我比作什么东西呢?将把我比作有用的树木吗?那柤、梨、橘、柚、果、瓜之类,果子熟了,就被人打下,受人侮辱,大枝被折断,小枝被牵扭。这都是因为材料美所受的苦,不能享尽天赋的寿命,半路上就死亡了。受人侵害,都是咎由自取的,凡物都是如此。很久以来,我一直想追求对人没有用处,可有时人们还是以为我有用处,我几乎被砍死了。现在我才真的没有用处了,我才得以保全。这才是我真正的大用。如果我对于别人有用,怎么会如此巨大呢?并且我和你都是物,为什么互相看作是物啊!你是要死的无用的散人,又哪里晓得无用的树,怎么会知道我这散木呢?"

匠人醒后，把梦告诉他的徒弟。徒弟道："它既然不想让别人用，又何必做社树，把它当成荣耀呢？"匠人道："你们不要作声，不要多说！它故意寄托在社里，任人诟骂它，更显着它是无用的树木，若不这样的话，还是会被人砍掉，它欲保全的与其他人保全的不是一回事，用寻常的情理来解释，不是太荒谬了吗？"

南伯子綦旅行到商之丘（地名），看见一棵大树与众不同，假使连结一千辆的四匹马的大车，天热时都可以被它的树荫遮盖着。子綦道："这是什么树木？它的材料一定比普通的树木好了。"仰头看看细枝，都弯弯曲曲，不能做屋梁；低头看看树根，又旋转松散，不能做棺材；舐舐它的叶子，嘴里立刻腐烂受伤；嗅嗅它的气味，人立刻昏醉，三天不醒。子綦道："这真是不成材的树啊！所以才能长得这般大。唉，神人也是不显他的才能，所以能够不为世所用，保全他的天真！"

宋国荆氏地方适于种楸、柏和桑三种树木。这些树一握粗时，就被砍了去做系猴子的木橛；三四围（一围等于八尺）粗时，就被砍了去造高大的屋梁；七八围粗时，就被富贵人家取去做棺材，所以，不能等待天赋的寿命终了，半路上已被刀斧砍死，这都是有用的害处！古来解祭（祭祀名）时，凡是白额头的牛、高鼻子的猪和患痔疮的人，都不能沉到河里祭河神。掌祭祀的把不成才的当作不祥，神人反以不成才能够保身为吉祥。

以上说处世应当隐晦自己的才能。

有一个形体不全的人,名叫支离疏("支离"是形体不全的意思,因为他形体不全,所以有这个绰号),脸靠近肚脐底下,肩膀高出头顶,颈项后的发髻朝天,五脏的管子向上,腰夹在大腿中间。支离疏替人缝洗衣服,足够一人过活;若替人簸米筛糠,足够养活十人。政府征兵,他因为形体不全,所以逍遥自在,不用隐藏;政府募人做工,他因为是残废,所以不用工作;但政府若放赈周济病人粟米,他却独得三钟米、十捆柴。假使形体不全,不能为人所用,尚且能够保养自己的身体,享尽天赋的寿命,何况使德行朴实天真,不合世用,那更进于道了啊!

以上说安于病歹,是处于贫贱的好法子。

孔子将到楚国去,楚国的狂士接舆走过孔子的门外,唱道:"凤啊!凤啊!你的德怎么这般衰落啊?未来的不能预期,已往的不能救济。天下有道,圣人可以立功勋;天下无道,圣人只能保寿命。现在呀,避免刑罚已属万幸!福,比羽毛还要轻啊,人不知道求取;祸,比大地还要重啊,人不知道躲。罢了!罢了!不要用德行去劝人!危险啊!危险啊!礼教拘束,束缚自身。荆棘啊!荆棘啊!不要妨碍我的前行!我弯曲地向前走啊,不要刺伤我的足胫!"

以上感慨世情的险恶。

山上的树木,有的做了斧柄,来砍伐自己;油膏引燃了火,结果将自己烧干。桂树因为能吃,所以被人砍伐;漆树因为有用,所以被人割掉。人只晓得有用的用处,而不晓得无用的用处。

德充符

王先谦说:"内里道德充实的,外貌必能证明出来。"

鲁有兀者王骀,从之游者与仲尼相若。常季问于仲尼曰:"王骀兀者也,从之游者与夫子中分鲁。立不教,坐不议,虚而往,实而归,固有不言之教,无形而心成者邪?是何人也?"仲尼曰:"夫子圣人也,丘也直后而未往耳!丘将以为师,而况不如丘者乎?奚假鲁国,丘将引天下而与从之。"常季曰:"彼兀者也,而王先生,其与庸亦远矣!若然者,其用心也,独若之何?"仲尼曰:"死生亦大矣,而不得与之变,虽天地覆坠,亦将不与之遗,审乎无假而不与物迁,命物之化而守其宗也。"常季曰:"何谓也?"仲尼曰:"自其异者视之,肝胆楚、越也;自其同者视之,万物皆一也。夫若然者,且不知耳目之所宜而游心于德之和。物视其所一而不见其所丧,视丧其足犹遗土也。"

常季曰:"彼为己,以其知得其心,以其心得其常心,物何为最之哉?"仲尼曰:"人莫鉴于流水而鉴于止水,唯止能止众止。受命于地,唯松柏独也正,在冬夏青青;受命于天,唯尧、舜独也正,在万物之首,幸能正生,以正众生。夫保始之征,不惧之实,勇士一人,雄入于九军,将求名而能自要者而犹若是,而况官天地、府万物、直寓六骸、象耳目,一知之所不知而心未尝死者乎?彼且择日而登假,人则从是也,彼且何肯以物为事乎?"

申徒嘉,兀者也,而与郑子产同师于伯昏无人。子产谓申徒嘉曰:"我先出则子止,子先出则我止。"其明日,又与合堂同席而坐,子产谓申徒嘉曰:"我先出则子止,子先出则我止。今我将出,子可以止乎?其未邪?且子见执政而不违,子齐执政乎?"申徒嘉曰:"先生之门固有执政焉如此哉?子而说子之执政而后人者也。闻之曰:'鉴明则尘垢不止,止则不明也,久与贤人处则无过。'今子之所取大者,先生也,而犹出言若是,不亦过乎!"子产曰:"子既若是矣,犹与尧争善,计子之德不足以自反邪？"申徒嘉曰："自狀其过，以不当亡者众；不狀其过，以不当存者寡。知不可奈何而安之若命，惟有德者能之。游于羿之彀中，然而不中者，命也！人以其全足笑吾不全足者，多矣，我怫然而怒；而适先生之所，则废然而反，不知先生之洗我以善邪？吾之自寤邪？吾与夫子游十九年矣，而未尝知吾兀者也。今子与我游于形骸之内，而子索我于形骸之外，不亦过乎！"子产蹴然改容更貌曰："子无乃称。"

  鲁有兀者叔山无趾，踵见仲尼。仲尼曰："子不谨，前既犯患若是矣，虽今来，何及矣？"无趾曰："吾唯不知务而轻用吾身，吾是以亡足。今吾来也，犹有尊足者存，吾是以务全之也。夫天无不覆，地无不载，吾以夫子为天地，安知夫子之犹若是也！"孔子曰："丘则陋矣！夫子胡不入乎？请讲以所闻。"无趾出。孔子曰："弟子勉之！夫无趾，兀者也，犹务学以复补前行之恶，而况全德之人乎？"无趾语老聃曰："孔丘之于至人，其未邪？彼何宾宾以学子为？彼且蕲以諔诡幻怪之名闻,不知至人之以是为己桎梏邪?"老聃曰:"胡不直使彼以死生为一条,以可不可为一贯者,解其桎梏,其可乎?"无趾曰:"天刑之,安可解?"

鲁哀公问于仲尼曰:"卫有恶人焉,曰哀骀它,丈夫与之处者,思而不能去也。妇人见之,请于父母曰'与为人妻,宁为夫子妾'者,十数而未止也。未尝有闻其唱者也,常和人而已矣。无君人之位以济乎人之死,无聚禄以望人之腹,又以恶骇天下,和而不唱,知不出乎四域,且而雌雄合乎前,是必有异乎人者也。寡人召而观之,果以恶骇天下;与寡人处,不至以月数,而寡人有意乎其为人也;不至乎期年,而寡人信之。国无宰,寡人传国焉。闷然而后应,泛然而若辞。寡人丑乎,卒授之国。无几何也,去寡人而行。寡人恤焉若有亡也,若无与乐是国也。是何人者也?"

仲尼曰:"丘也尝使于楚矣,适见㹠子食于其死母者,少焉眴若,皆弃之而走。不见己焉尔,不得类焉尔。所爱其母者,非爱其形也,爱使其形者也。战而死者,其人之葬也,不以翣资,刖者之屦,无为爱之,皆无其本矣。为天子之诸御,不剪爪,不穿耳;娶妻者止于外,不得复使。形全犹足以为尔,而况全德之人乎?今哀骀它,未言而信,无功而亲,使人授己国,唯恐其不受也,是必才全而德不形者也。"哀公曰:"何谓才全?"仲尼曰:"死生存亡,穷达贫富,贤与不肖,毁誉饥渴寒暑,是事之变,命之行也。日夜相代乎前,而知不能规乎其始者也,故不足以滑和,不可入于灵府。使之和豫,通而不失于兑,使日夜无郤而与物为春,是接而生时于心者也。是之谓才全。"

"何谓德不形?"曰:"平者,水停之盛也,其可以为法也,内保之而外不荡也。德者,成和之修也,德不形者,物不能离也。"哀公异日以告闵子曰:"始也,吾以南面而君天下,执民之纪而忧其死,吾自以为至通矣。今吾闻至人之言,恐吾无其实,轻用吾身而亡其国。吾与孔丘非君臣也,德友而已矣。"

阐跂支离无脤说卫灵公,灵公说之,而视全人,其脰肩肩。瓮㼜大瘿说齐桓公,桓公说之,而视全人,其胈肩肩。

　　故德有所长而形有所忘。人不忘其所忘而忘其所不忘,此谓诚忘。故圣人有所游,而知为孽,约为胶,德为接,工为商。圣人不谋,恶用知!不斲,恶用胶!无丧,恶用德!不货,恶用商!四者天鬻也,天鬻者,天食也。既受食于天,又恶用人!有人之形,无人之情。有人之形,故群于人;无人之情,故是非不得于身。眇乎小哉,所以属于人也;謷乎大哉,独成其天。

　　惠子谓庄子曰:"人故无情乎?"庄子曰:"然。"惠子曰:"人而无情,何以谓之人?"庄子曰:"道与之貌,天与之形,恶得不谓之人?"惠子曰:"既谓之人,恶得无情?"庄子曰:"是非吾所谓情也,吾所谓无情者,言人之不以好恶内伤其身,常因自然而不益生也。"惠子曰:"不益生,何以有其身?"庄子曰:"道与之貌,天与之形,无以好恶内伤其身。今子外乎子之神,劳乎子之精,倚树而吟,据梧而瞑。天选子之形,子以坚白鸣!"

[译解]

鲁国有一个断了一只脚的人名叫王骀,他的学生和孔子的学生数目相等。常季问孔子道:"王骀是断了一只脚的人,他和你二人的学生在鲁国各占了一半。他平日对他的学生不加教授,也不发议论,可是他的学生初去时知识浅陋,回来时学问渊博。难道他不用言语来讲授,不用形式而用心中的道来感化人吗?这是什么样的人呢?"孔子道:"他是圣人啊!我只是没来得及去做他的学生。我尚且要向他请教,何况不如我的呢?岂止鲁国一国的人应当做他的学生,我将要率领天下的人去做他的学生哩。"常季道:"他是断了一只脚的人,居然能做先生的师傅,必定高出普通人很多了。那么,他怎样能够使得他的心这般专一呢?"孔子道:"死生的变迁,也算得大了,可是根本不能变动他。天地虽然毁灭,他终不会灭亡。他晓得他自己没有过失,所以只是任物自然地变迁,不被物所变动;主宰万物的变化,自己却守定住大道不变。"常季道:"这是怎么讲呢?"孔子道:"大凡观察万物,由不同的一方面看去,自己的肝和胆也会像楚国和越国那般不同;但是若由相同的一方面看去,万物都属一体,更没有分别。能够看到这一层,所以他不用耳目去辨别是非美恶,把心寄托在道的中间,无往而不自得。把万物看作一致,所以不觉得自己的形体有什么得失,看自己断了一只脚,好像失落了一块泥土一般,不足介意。"常季道:"王骀只是修自己的身,他用他的智慧来推测我们的心理,又用推测到的我们的心理去明悟古今常然的道,众人为什么要聚集在一起跟随他呢?"孔子道:"人不在流动的水面上照自己的影子,而在静止的水面上照自己的影子;静止的水并未曾求人在它上面照影子,乃是人自己去的,因为它静止不动,所以求静水的人都被它吸引了。树木都是受命于地,唯有松柏禀自然之正,冬夏常青;人都是受命于天,唯有尧、舜得性命之正,主宰万物,他们能自正性命,才能引导众人,能够葆有本来的征验,才会有勇者的无畏,勇敢的武士,一个人敢冲进千军万马当中,将帅决心求功名的,尚且能忘去生死的念头,何况主宰天地,包藏万物,把六骸、躯干、头和四肢当作旅舍,把耳、目等器官当作对象,把智力所能见到的一切现象都看作无知,把自己的心看作没有死生。他不日将要脱离世俗,游于太虚的境界,世人很想跟随他,他哪里肯吸引别人呢!"

以上说王骀保守本始的性命,忘去自己的形骸,道德充实于内,表现于外,所以世人都被他吸引住,忘了他的形骸。

申徒嘉是一个断了一只脚的残废,和郑子产(郑国的宰相,姓公孙,名侨)同做伯昏无人的学生,子产觉得和申徒嘉一块儿走是很可羞耻的,所以他对申徒嘉说:"倘使我先出去,你就止住;你先出去,我就止住。"第二天,两人又在一块儿坐着,子产又向申徒嘉道:"我先出去,你就稍停;你先出去,我就稍停。现在我将要出去了,你可以稍停一会儿吗?并且你见了贵官都不回避,你和贵官一般高下吗?"申徒嘉道:"先生这里有倚恃爵位、这般傲慢的吗？你为你的官职高而得意，所以你的德就不如人了！我曾听说过：'镜子光亮，上面就没有灰尘；有了灰尘，镜子就不光亮了。常和贤人在一块，就没有过失。'现在你既然在先生这里求见识广大，还说出这般话来，不太过分了吗？"子产道："你已成了残废，还要和有德的人争善，你反想想你平日的品行，必定因为有了过失才受刑罚，成为残废，这还不够你自己警戒的吗？"申徒嘉道："自己陈说自己的罪过，以为不应当斫断腿的，有很多人；自己默认自家的过失，以为应当斫断腿的，就很少了。知道事情不是人力可以勉强，安心顺命地去做，这只有有德的人能够做到。走进羿（古来善射箭的人）的射程中，可没有被射中，这是天命。众人因为两只脚完全，笑我是残废的，有很多，我听了很生气；及至到了先生这里，我的怒气全消了，不是因为受了先生善道的洗礼吗？我跟随先生已有十九年了，可是我意识不到我是断腿的，现在我和你用道交友，你反而对我形体上苛求，不太过分了吗？"子产听了很是不安，立刻除掉骄慢的神色，谢罪道："你不要再说了！"

刑罚的祸患都由于命，有德的人听天由命，所以能忘去形体上的残废。

鲁国有个断了脚的人，名叫叔山无趾（因为没有脚趾所以号无趾），用脚后跟去见孔子。孔子道："你太不谨慎了！既已犯了罪，成了残废，虽来见我，已来不及了。"无趾道："我只为不知世务，不知保重身体，触犯了刑罚，成了断脚的残废，现在我到你此地来，我还保存着比脚更尊贵的东西，我所以要保全它。天地对于万物是无不包容的，我先前以为你像天地一般大，哪知道你也不过如此啊！"孔子道："我实在是见识浅陋得很，先生何不请进来，拿所听闻的指教指教呢？"无趾不进来，就走了。孔子向学生道："学生们，要努力啊！断脚之人还想求学，补救他以前的过恶，何况你们未曾犯罪的人呢？"无趾向老聃道："孔丘对于至人之德，恐怕尚未达到吧？他为什么还频频向您求教呢？他希望用奇异怪诞的名相让自己名闻天下，不知道至人把名相当作桎梏吗？"老聃道："你为何不用'死生一贯，是非一齐'的学说去解除他的桎梏呢？"无趾道："这种桎梏，乃是天刑，哪里可以解除呢？"

以上说叔山无趾因为道德充实，所以忘了自己的形体，连他的朋友老聃，也忘了他的形骸。

鲁哀公问孔子道："卫国有一个面貌丑陋的人，叫作哀骀它（'哀骀'是丑陋的意思），男人和他相处，感念他不想回去；女人见了他，回来向父母请求，与其做别人的妻子，宁可做他的妾的，何止十几个人。未曾听说他有所创造，只是随众附和；他既没有权势去拯救别人，又没有钱财去养活别人，只有丑恶的面貌，使天下人见了惊骇，并不曾招引人，名望不出国境，可是妇人男子都亲附着他，这必定和众人有点不同的了！我召他来见我，果然容貌丑陋，可以惊骇天下的人，但是和我相处不到一月,我已觉得他有过人之处;不到一年,我已经信任他。那时,国中没有好宰相,我把国政委托给他,他像极不介意似的,无意应承,也无意辞却,我见了很惭愧。将国政委托了他,不多几时,他就逃了,我很忧愁,像失落了什么,像国中无人能再和我同欢了似的。这是怎样的人啊?"

孔子道:"我有一次到楚国去,看见小猪在吃已死的母猪的乳,不一会儿都惊惧逃走,这不过因为,见了母猪的眼睛不能看视,形状和往昔不同啊!小猪爱它们的母亲,不是爱它的形体,乃是爱主宰形体的精神!为阵亡的人送葬,不用棺饰(棺材上装饰的布衣);犯刑斫断了脚的人,不去喜欢鞋子,这都是因为失去了根本。做天子的妃妾,不剪指甲,不穿耳眼;娶妻的不工作,当官的放他们回家;要求形体完全尚且如此,何况使德完全呢?现在哀骀它未曾言语,人已经信任他;未曾立功,人已经亲附他;能使别人将国政委托给他,唯恐他不受,这必定因为'才全'和'德不形'的缘故了。"哀公道:"什么叫作'才全'?"孔子道:"死生、得失、贵贱、贫富、君子、小人、毁誉、饥渴、寒暑,这是事物的变化,天命的流行,日夜循环不已,没有聪明人能推测它们的开端。只应任其自然,不应当拿它们来乱我们的本性,扰我们的精神,使之和悦,流通而不失喜乐的心,日夜没有间断,随物所在,与物为和。那春日的阳气,好像在心里生根了一般。这就是'才全'。"

哀公问道:"什么叫作'德不形'呢?"孔子道:"物的平坦,

没有胜过水的。要使物平坦,必要用水做法则,静水里面透明,外面没有荡摇的水纹。德是太和之基。'德不形',万物就不能离去了。"哀公后来告诉闵子(姓闵名子骞,孔子的学生)道:"我以前以为:国君治理天下,只须守法度,忧心百姓的生死,就算尽职了。现在听到孔丘的话,我恐怕没有德,轻用我身,危亡我国。我和孔丘不算君臣,是以德相交的朋友。"

  以上说哀骀它道德充实,众人都被他的德所感动,忘了他的形骸。

  有一个拐脚的残废容貌丑陋,没有嘴唇。他去和卫灵公谈话,灵公喜欢他,看到形体完全的人,反觉他们颈项太细了。有个生大瘤的人,去和齐桓公谈话,桓公喜欢他,看到形体完全的人,反觉他们颈项太细了。

  以上说两个形体残缺丑陋的人,因为道德充实,所以人君都忘了他们的丑陋,反觉得别人丑陋。

  所以德性有所过人,就不会计较形体。人不忘去应当忘去的形体,反而忘去不应当忘去的德性,这才是真正的"忘"!圣人游于虚空之道,知道机智是灾孽;知道礼义是胶漆;知道德惠是互相交结;知道工巧是商人之道。圣人既然无心思考,何用机智?不求雕琢,何用礼乐?没有丧失,何用德惠?不求货利,何用经商?这四者是圣人的天养。天养,就是禀受天然之道。既禀受天然之道,还用什么人呢?圣人具有人的形体,摒去人的情感,具有人的形体,与人同类;摒绝人的情感,所以是非之端不入他的胸际。与人同类,太小了啊;性情和天相合,真是伟大!

以上说绝念世情,所以能忘去形体。

惠子向庄子道:"人是没有情的吗?"庄子道:"是。"惠子道:"人如没有情,还算是人吗?"庄子道:"阴阳之道,给他容貌;天然的理,赋予他形质,怎么能不算是人呢?"惠子道:"既然是人,怎么能没有情呢?"庄子道:"这不是我所指的'情',我所说的无情,乃是指:不以人的美恶之欲伤了天性,只任本身所具的自然之理,不用人为去增益。"惠子道:"不用人为去增益,怎能保身?"庄子道:"阴阳之道,给他容貌,天然之理,赋予他形质,又何用好恶之情,自伤天性呢? 现在,你驰散心神,劳苦精力,倚着树唱歌,靠着几谈论,天使你有人的形貌,你为什么要从事辩论,用坚白的理论自伤其性呢?"

大宗师

王先谦说:"这篇里曾说'人犹效之','效之'就是学的意思。又说'吾师乎,吾师乎',就是把大道当作师傅。'宗'就是祖法的意思。"

陆树芝说:"'大宗师'就是大道法。"

知天之所为,知人之所为者,至矣。知天之所为者,天而生也;知人之所为者,以其知之所知以养其知之所不知,终其天年而不中道夭者,是知之盛也!虽然,有患。夫知有所待而后当,其所待者特未定也,庸讵知吾所谓天之非人乎?所谓人之非天乎?

且有真人而后有真知。何谓真人?古之真人,不逆寡,不雄成,不谟士。若然者,过而弗悔,当而不自得也。若然者,登高不栗,入水不濡,入火不热,是知之能登假于道者也若此。

古之真人,其寝不梦,其觉无忧,其食不甘,其息深深。真人之息以踵,众人之息以喉。屈服者其嗌言若哇。其耆欲深者其天机浅。

古之真人，不知说生，不知恶死，其出不欣，其入不距，翛然而往，翛然而来而已矣。不忘其所始，不求其所终，受而喜之，忘而复之，是之谓不以心损道，不以人助天，是之谓真人。

若然者，其心志，其容寂，其颡頯，凄然似秋，暖然似春，喜怒通四时，与物有宜而莫知其极。

故圣人之用兵也，亡国而不失人心，利泽施乎万世，不为爱人。故乐通物，非圣人也；有亲，非仁也；失时，非贤也；利害不通，非君子也；行名失己，非士也；亡身不真，非役人也。若狐不偕、务光、伯夷、叔齐、箕子、胥余、纪他、申徒狄，是役人之役，适人之适，而不自适其适者也。

古之真人，其状义而不朋，若不足而不承。与乎其觚而不坚也，张乎其虚而不华也。邴乎其似喜也，崔乎其不得已也。滀乎进我色也，与乎止我德也。厉乎其似世也，謷乎其未可制也。连乎其似好闭也，悗乎忘其言也。以刑为体，以礼为翼，以知为时，以德为循。以刑为体者，绰乎其杀也。以礼为翼者,所以行于世也。以知为时者,不得已于事也。以德为循者,言其与有足者至于丘也,而人真以为勤行者也。故其好之也一,其弗好之也一,其一也一,其不一也一。其一与天为徒,其不一与人为徒。天与人不相胜也,是之谓真人。

死生,命也;其有夜旦之常,天也。人之有所不得与,皆物之情也。彼特以天为父,而身犹爱之,而况其卓乎?人特以有君为愈乎己,而身犹死之,而况其真乎?泉涸,鱼相与处于陆,与其相呴以湿,相濡以沫,不如相忘于江湖;与其誉尧而非桀也,不如两忘而化其道。

夫藏舟于壑,藏山于泽,谓之固矣,然而夜半有力者负之而走,昧者不知也。藏小大有宜,犹有所遁;若夫藏天下于天下而不得所遁,是恒物之大情也。故圣人将游于物之所不得遁而皆存,善夭善老,善始善终,人犹效之,又况万物之所系而一化之所待乎?

夫道,有情有信,无为无形,可传而不可受,可得而不可见。自本自根，未有天地，自古以固存。神鬼神帝，生天生地。在太极之先而不为高，在六极之下而不为深，先天地生而不为久，长于上古而不为老。豨韦氏得之，以挈天地；伏戏氏得之，以袭气母；维斗得之，终古不忒；日月得之，终古不息；堪坏得之，以袭昆仑；冯夷得之，以游大川；肩吾得之，以处大山；黄帝得之，以登云天；颛顼得之，以处玄宫；禺强得之，立乎北极；西王母得之，坐乎少广，莫知其始，莫知其终；彭祖得之，上及有虞，下及五伯；傅说得之，以相武丁，奄有天下，乘东维、骑箕尾而比于列星。

南伯子葵问乎女偊曰："子之年长矣，而色若孺子，何也？"曰："吾闻道矣。"南伯子葵曰："道可得学邪？"曰："恶！恶可！子非其人也。夫卜梁倚有圣人之才而无圣人之道，我有圣人之道而无圣人之才。吾欲以教之，庶几其果为圣人乎？不然，以圣人之道告圣人之才，亦不易矣。吾犹告而守之，三日而后能外天下。已外天下矣，吾又守之，七日而后能外物。已外物矣，吾又守之，九日而后能外生。已外生矣,而后能朝彻。朝彻,而后能见独。见独,而后能无古今。无古今,而后能入于不死不生。杀生者不死,生生者不生,其为物,无不将也,无不迎也,无不毁也,无不成也,其名为撄宁。撄宁也者,撄而后成者也。"南伯子葵曰:"子独恶乎闻之?"曰:"闻诸副墨之子,副墨之子闻诸洛诵之孙,洛诵之孙闻之瞻明,瞻明闻之聂许,聂许闻之需役,需役闻之於讴,於讴闻之玄冥,玄冥闻之参寥,参寥闻之疑始。"

子祀、子舆、子犁、子来四人相与语曰:"孰能以无为首,以生为脊,以死为尻,孰知生死存亡之一体者,吾与之友矣。"四人相视而笑,莫逆于心,遂相与为友。俄而子舆有病,子祀往问之。曰:"伟哉!夫造物者将以予为此拘拘也。"曲偻发背,上有五管,颐隐于齐,肩高于顶,句赘指天,阴阳之气有沴其心。闲而无事,跰𨇤而鉴于井,曰:"嗟乎!夫造物者又将以予为此拘拘也。"子祀曰:"汝恶之乎?"曰:"亡,予何恶?浸假而化予之左臂以为鸡,予因以求时夜;浸假而化予之右臂以为弹,予因以求鸮炙;浸假而化予之尻以为轮,以神为马,予因以乘之,岂更驾哉!且夫得者,时也,失者,顺也,安时而处顺,哀乐不能入也。此古之所谓县解也,而不能自解者,物有结之。且夫物不胜天久矣,吾又何恶焉!"俄而子来有病,喘喘然将死,其妻子环而泣之。子犁往问之,曰:"叱!避!无怛化!"倚其户与之语,曰:"伟哉造物!又将奚以汝为?将奚以汝适?以汝为鼠肝乎?以汝为虫臂乎?"子来曰:"父母于子,东西南北,唯命之从。阴阳于人,不翅于父母,彼近吾死而我不听,我则悍矣,彼何罪焉?夫大块载我以形,劳我以生,佚我以老,息我以死,故善吾生者,乃所以善吾死也。特犯人之形而犹喜之,若人之形者,万化而未始有极者也,其为乐可胜计邪!今之大冶铸金,金踊跃曰:'我且必为镆铘!'大冶必以为不祥之金。今一犯人之形而曰:'人耳人耳!'夫造化者必以为不祥之人。今一以天地为大炉,以造化为大冶,恶乎往而不可哉?"成然寐,蘧然觉,发然汗出。

子桑户、孟子反、子琴张三人相与语曰:"孰能相与于无相与,相为于无相为?孰能登天游雾,挠挑无极,相忘以生,无所终穷?"三人相视而笑,莫逆于心,遂相与为友。莫然有间而子桑户死,未葬,孔子闻之,使子贡往侍事焉。或编曲,或鼓琴,相和而歌曰:"嗟来桑户乎!嗟来桑户乎!而已反其真,而我犹为人猗!"子贡趋而进曰:"敢问临尸而歌,礼乎?"二人相视而笑曰:"是恶知礼意!"

子贡反,以告孔子曰:"彼何人者邪?修行无有,而外其形骸,临尸而歌,颜色不变。无以命之,彼何人者邪?"孔子曰:"彼游方之外者也,而丘游方之内者也,外内不相及。而丘使女往吊之,丘则陋矣!彼方且与造物者为人,而游乎天地之一气。彼以生为附赘县疣,以死为决疮溃痈,夫若然者,又恶知死生先后之所在!假于异物,托于同体,忘其肝胆,遗其耳目,反复终始,不知端倪。芒然彷徨乎尘垢之外,逍遥乎无为之业。彼又恶能愦愦然为世俗之礼,以观众人之耳目哉!"子贡曰:"然则夫子何方之依?"孔子曰:"丘,天之戮民也。虽然,吾与汝共之。"子贡曰:"敢问其方?"孔子曰:"鱼相造乎水,人相造乎道。相造乎水者,穿池而养给;相造乎道者,无事而性足。故曰:鱼相忘乎江湖,人相忘乎道术。"子贡曰:"敢问畸人?"曰:"畸人者,畸于人而侔于天,故曰:天之小人,人之君子,天之君子,人之小人也。"

颜回问仲尼曰:"孟孙才其母死,哭泣无涕,中心不戚,居丧不哀,无是三者,以善处丧盖鲁国。固有无其实而得其名者乎?回壹怪之。"仲尼曰:"夫孟孙氏尽之矣,进于知矣,唯简之而不得,夫已有所简矣。孟孙氏不知所以生,不知所以死,不知就先,不知就后。若化为物,以待其所不知之化已乎?且方将化,恶知不化哉!方将不化,恶知已化哉!吾特与汝,其梦未始觉者邪?且彼有骇形而无损心,有旦宅而无耗精。孟孙氏特觉,人哭亦哭,是自其所以宜也。相与吾之耳矣,庸讵知所谓吾之非吾乎?且汝梦为鸟而厉乎天,梦为鱼而没于渊,不识今之言者,其觉者乎?其梦者乎?造适不及笑,献笑不及排,安排而去化,乃入于寥天一。"

意而子见许由,许由曰:"尧何以资汝?"意而子曰:"尧谓我:'汝必躬服仁义而明言是非。'"许由曰:"而奚来为轵?夫尧既已黥汝以仁义而劓汝以是非矣,汝将何以游夫遥荡恣睢转徙之途乎?"意而子曰:"虽然,吾愿游于其藩。"许由曰:"不然,夫盲者无以与乎眉目颜色之好,瞽者无以与乎青黄黼黻之观。"意而子曰:"夫无庄之失其美,据梁之失其力,黄帝之亡其知,皆在炉捶之间耳。庸讵知夫造物者之不息我黥而补我劓,使我乘成以随先生邪?"许由曰:"噫!未可知也。我为汝言其大略。吾师乎!吾师乎!齑万物而不为义,泽及万世而不为仁,长于上古而不为老,覆载天地、刻雕众形而不为巧,此所游已。"

颜回曰:"回益矣!"仲尼曰:"何谓也?"曰:"回忘仁义矣。"曰:"可矣,犹未也。"他日复见,曰:"回益矣!"曰:"何谓也?"曰:"回忘礼乐矣。"

曰:"可矣,犹未也。"他日复见,曰:"回益矣!"曰:"何谓也?"曰:"回坐忘矣。"仲尼蹴然曰:"何谓坐忘?"颜回曰:"堕肢体,黜聪明,离形去知,同于大通,此谓坐忘。"仲尼曰:"同则无好也,化则无常也。而果其贤乎!丘也请从而后也。"

子舆与子桑友。而霖雨十日。子舆曰:"子桑殆病矣!"裹饭而往食之。至子桑之门,则若歌若哭,鼓琴曰:"父邪?母邪?天乎!人乎?"有不任其声而趋举其诗焉。子舆入,曰:"子之歌诗,何故若是?"曰:"吾思夫使我至此极者而弗得也。父母岂欲吾贫哉?天无私覆,地无私载。天地岂私贫我哉!求其为之者而不得也。然而至此极者,命也夫!"

[译解]

　　能知道天道和人事的,可算得无物不通了。知道天道的,顺自然而生;知道人事的,能用他智力所晓得的养生的道理去保养他智力所不晓得的寿命,所以能够享尽天赋给他的寿命,不半道死去,这可算是智的盛大了。但是这个还有患累。因为智的运用必须要看对象如何，方才能定是否妥当，可是对象的变化是没有一定的。怎么知道我所以为的天不是人呢，我所以为的人不是天呢？天人一理。

　　一定要有了真人，方才有真智。什么叫作真人呢？古来的真人不武断，不夸功，不谋成。能够如此，所以虽然时机已过，不加追悔；虽然命途顺适，不加得意。能够这般，所以登高不恐惧，下水不湿，入火不热，一切利害都不能伤损他。他的见识已升进于道，不是世俗所认作的智了。

　　古来的真人睡时不做梦，醒时没有忧虑，饮食不求精美，气息深沉。真人的呼吸深通脚后跟，众人的呼吸极浅促，只在喉咙中间，议论时一被人屈服，说话就吞吞吐吐，像在哇哇曼语。人的嗜欲越深，天机就越浅了。

　　古来的真人不知道喜欢生存，不知道嫌恨死亡，生既不加喜悦，死也不加拒绝。把生死看作往来的常事，都不放在心上。不忘生的来源，不求死的归宿，只是任其自然。有生受形，不以形体为意，极端的喜悦适意；忘去了死亡之念，晓得死亡是有生的开始。这就是不用心机去违反大道，不用人为去胜过天理。这就叫作真人。

　　能够如此，所以心里没有思虑，容貌安静，头额宽大；像秋天一样端敬严肃；像春天一般融和温暖，喜怒都出于无心，像四时运行一般自然；随事都合宜，可是常人不能察出他的痕迹来。

所以圣人用兵,虽灭亡了敌人的国家,不失人心的归附;虽利益恩泽传于后代,可是对于人没有一点偏心。所以制作音乐有心去通物的情的,就不是圣人;有私亲的,就不仁爱;审察时机的,就不是贤人;不能将利害通达看作齐一的,就不是君子;因为求名而丧失了自己的本性的,就不是有道的人。丧失了自己的真性的,乃是被世人所使用,不能使用世人。诸如狐不偕(尧时的贤人,尧让天下给他,他不肯受,投河自杀)、务光(夏时贤人,汤让天下给他,他不肯受,投河死的)、伯夷和叔齐(是孤竹君的两个儿子,孤竹君死了,二人互相推让,不肯即位,都隐于首阳山里,等到周武王得了天下,二人不肯吃周朝的食物,都绝食死的)、箕子(纣的叔父,因为忠谏被囚)和胥余(即比干,因为忠谏,被割心死的)、纪他(汤时的隐士,听见汤让天下给务光,恐怕将要让给他,乃隐于窾水)、申徒狄(汤时人,闻听纪他隐于窾水,得着高义的名,乃投河自杀)等,都是被人役使,快别人的意志,为别人而牺牲,无益于自己的真性。

古来真人的状貌义形于色,可是没有奋矜的态度;卑躬谦抑,并不奉承别人;人格特殊,可是并不固执。志气远大,心地空虚,不慕虚荣;畅快自然,像喜悦的样子;一举一动,都合于自然之理;和润的颜色,令人亲爱,像积水上反映的光辉一般动人。和人相接,宽大之德能感化人,令人归附;威严而不骄傲;高远不受牵制;言语不甚流利,像不会说话似的;言语没有机心，忘了自己说些什么。真人以为：刑法乃是政治的本体，不是我所主动的；礼仪乃是人民自行辅翼自己，不是我所创造的；智乃是应时而动，并非由我提倡的；德乃是人民自己遵循，不是由我引导的。以为刑法是政治的本体（施行杀戮，都一任政治，不参自作威福的念头，所以虽加杀戮，不失宽厚）；以为礼是人民自行辅翼（任人民自动地履行，我不加裁制，所以能将礼通行世间）；以为智乃应时而生（我不必自作聪明去生事，所以事物都能应付得宜）；以为德是人自己所规定（人人都可以达到，就像一座小山，凡是有脚的人都可以登临一样）。常人以为真人勤劳做事，不知道他一任事体自然，和事体没有关系。真人看人，不分彼此，人有的喜欢他，有的不喜欢，但是真人把他们都看作一律。有的理是贯通的，有的理并不贯通，但是真人又把这两种观念看作是齐一不二的。有的理贯通，乃是取于天然；有的理并不贯通，乃是取法人为，但是真人又以为天和人混同一理，不分高下。明白这个理，就是真人。

死生都是由于天命，就像日和夜自然地运行，不是人力所可改变的，都是物理的常情，不必系念。人以为天生我，就把天当父亲一般敬爱，何况有比天更高出一等的呢？人以为国君的地位高，就肯替他效死，何况比国君更高贵的"真君"呢？泉水干了，鱼困在陆地上，互相把嘴里的唾沫潮润，这倒不如在江湖上，大家不顾的好！与其赞尧谤桀，不如不加批判，将善恶喜怒都忘去！

譬如将船收藏在山谷里面,将山收藏在深泽里面,可算得稳固了,可是半夜里,被有力气的搬运走了,藏的人还昏昏的不晓得呢。无论收藏大的物件,或小的物件,虽然都能各得合宜的地方,可是它们不能没有变化。天下的理不是我一人所可以私定的,乃是天下人所共有的。若将天下的理付给天下,那这个理也随我所共存,永不会遁逃了,这乃是常物的通理。形体虽有变化,道没有变化,永远存在。所以,圣人将心寄托在永远存在的道中。若能顺着寿命之长短,死生之变化,一切都不介意,虽不能忘去死生,已能做万物的师傅,人都以他为法;何况混同万物,齐同变化,做万物之主宰,不是很欢畅的吗?

道,有情,有信;无色,无形,可传给人,却不能让人领受;虽能心里领悟,却不能见。道是一切事物的根本,更没有别物是道的根本,未有天地以前,已经有道存在了;鬼神和帝王都是道产生的,天和地都是道造就的。道在阴阳未分之前已经有了,可并不算高远;超出天地四方,可并不算深微;比天地先生,可并不算长久;比上古的年代长,可并不算长寿。这个道,狶韦氏(上古的帝王)得着了,用去整顿天地;伏羲氏(上古的帝王)得着了,用去调和元气;北斗得着了,永远不改变;日月得着了,永远运行;堪坏(昆仑山神)得着了,入居昆仑山;冯夷(水神)得着了,在大河里游;肩吾(泰山的神)得着了,以处泰山;黄帝(上古的帝王)得着了,飞上云霄;颛顼(上古的帝王)

得了,住在玄宫中(玄宫是北方的宫,只有得道的人能够居住);禺强(北海的神)得着了,独立北极;西王母(西方的神仙)得着了,坐在少广(西极的山),没有人知道她的年代的始终;彭祖得着了,寿命长久,生在有虞的时代,经过五伯的时代才死(五伯是夏朝的昆吾,殷朝的大彭和豨韦,周朝的齐桓公和晋文公);傅说得着了,生时做武丁(商朝的国君)的宰相,治理天下,死后驾骑在东维和箕尾(都是天上的星),与天上众星比列着。

以上说大道是万物变化的本原。

南伯子葵问女偊道:"你的年纪虽老,怎么面色还跟小孩子一般呢?"女偊道:"我因为得了道。"南伯子葵道:"道可以学得到吗?"女偊道:"怎么不能呢?但是,你不是学道的人。卜梁倚虽有圣人的才质,但没圣人之道;我虽有圣人之道,却没有圣人的才质啊!我想将圣人之道传给他,那他或许就能够成为圣人了吧?虽然他已有圣人的才质,但教他圣人之道,也并非很容易。可是我仍然教他,守着他。过了三天,他已经能看空天下了;已经能看空天下,我又守了他七天,才能将外物忘去;已经将外物忘去,我又守了他九天,才能将形体抛却;然后才能像早晨的新鲜空气一般;然后才能领悟纯一之道;然后才能泯灭古今;然后才能进入不死不生。杀生者没有死,生生者不会生。道于万物,无不送,无不迎,无不毁,无不成。这就叫作'撄宁'。'撄宁'的意思就是:外面一切的死生变化成毁,都不能扰动心地的安宁。"南伯子葵道:"你这道是从何处听来的呢?"女偊道:"由于文字而诵读,由诵读而了解,由了解而领悟,由领悟而实行,由实行而咏叹,由咏叹而静默,由静默而空虚,由空虚而得着浑然无迹的大道。"

以上说学道的次序。

子祀、子舆、子犁和子来四人相互谈笑道:"谁人能把虚无当作头,把生当作背,把死当作尻?谁人能知道死、生、存、亡同属一体?做朋友了。"四人听了,互相笑了出来,心心相印,乃结成好友。不久,子舆生病,子祀去探问。子舆道:"伟大呀,这天地的主宰,使我的形体这般受拘束啊!"子舆的身腰弯曲,背上有疮,五脏血管在上,脸和肚脐并排,肩膀高出头顶,头顶后面的发髻朝着天,阴阳二气扰乱其心,可是子舆还是心闲着像没有事一般,蹒跚地走到井口边,看着自己的影子,又叹道:"唉,天地的主宰,为何使我的形体这般拘束啊!"子祀道:"你心里怨恨吗?"子舆道:"不,我哪里怨恨!假使把我左面的膀子变作鸡,我就使它替我报晓;假使把我右面的膀子变作弹丸,我就用它去打鸮鸟,烤了吃;假使把我的尻变作车轮,把我的精神变作马,我就乘坐这个车马,哪里还用另外去求车马呢?并且,生是应时机的,死是顺天命的,若能安守时机,顺着天命,那哀乐的情感,都不能进我的胸中了。这个古来叫作'解除倒悬'。若不能解除,就是被外物束缚住了。并且人不胜天,由来已久,我虽形体如此,又有什么怨恨呢?"不久,子来生病,气息急促,将要死了,他的妻子围着他哭泣。子犁去探问他,向子来的妻子道:"走开,不要惊扰将要变化的人!"他倚着门向子来道:"伟大呀,天地的主宰!又要将你变化作何物呢?将令你往何处去呢?将把你变化作鼠的肝吗?将把你变化作虫的膀子吗?"子来道:"父母对于儿子,命他往何处去,东西南北,都得听从。阴阳之气于人,和父母对于儿子,没有分别;阴阳令我们死,我们如不听从,就算忤逆不顺,它有什么罪过呢?大地使我有形体,生时勤劳,老时安逸,死后休息。生死互相循环,生时为好,死了也为好。人获得形体就欢喜,如果人的形体,千变万化而不会有穷尽,那这种欢喜可以算得清吗?譬如:现在铁匠化铁,铁跳起来说道:'必定要把我制成锋利的剑。'铁匠必要以为这不是吉祥的铁。现在,人得到了形体,就想世世做人,那造化一定以为他是不祥之人了。现在把天地看作是化铁的大炉子,把造物的看作是铁匠,我死后,何往而不可呢?"子来说完话,酣然睡去,自在地醒了过来,发出一身冷汗,病好了。

　　以上说明白阴阳的变化,不被疾病所累;明白造化的自然,忘去死生。

　　子桑户、孟子反和子琴张三人交友,谈道:"谁人能够互相有关系,而不露联络的形迹;互相合作,而出自无心;一任自然,高升天际,游于云雾的当中,超脱于世物以外;顺着天理的自然演进,以至于无穷的境界,既不喜欢生存,也不厌恨死亡呢?"三人听了,互相微笑,心心相印,乃成莫逆之交。不久,子桑户死了,还不曾下葬,孔子听了,乃命子贡(孔子的学生)去助理丧事。子贡去了,看见孟子反和子琴张两个人一个在编织蚕箔,一个在弹琴。二人合唱道:"唉,桑户呀!桑户呀!你已经回复了你的天真,我们还被人的形体所束缚啊!可叹呀!"子贡连忙走上前去问道:"请问对着别人的尸体唱歌,是合礼的吗?"孟子反和子琴张对面笑了一笑,道:"他哪里懂得礼的真意呢!"

子贡回来后,把所看见的都告诉了孔子,问道:"他们是何等样人呢?不用礼教去约束自己的行为,忘去了自己的形体,对着友人的尸体唱歌,颜色都不改变。我不知道应当称他们是何等样人。请问先生以为如何呢?"孔子道:"他们是方外之人,超脱于世俗的人;我是方内之人,寄托在世俗里的人。内和外是不相干的,我命你去吊丧,我真是太浅陋了啊!他们将要和天地的主宰交友,和天地间的正气会合为一;以为生存乃是气的凝结不散,像身体上长了肉瘤一般受累;以为死亡乃是气的消散,像疮疖溃破,反而去了累赘。他们能够这般,所以把死生看作循环一气,不分先后,人的有生不过是偶然会合成功的,既然将生和死看作是偶然的,所以能够忘去形体里面的肝和胆,外面的耳朵和眼睛。死和生来来往往,一任自然的变化,心里毫无挂念,超脱于世俗以外,逍遥自在,清静无为。他们哪里能忍受世俗的繁文缛节,表演给众人观看呢?"子贡道:

"那么,先生,你是哪一种人?"孔子道:"我是受了老天的刑罚的人,即使这样,你也是的。"子贡道:"请问这是怎么讲?"孔子道:"鱼的生活须依赖水,人的生活须依赖道。依赖水生活的,挖个池子就足够养活了;依赖道生活的,没有事情就满足了。所以说:鱼在江湖里,就忘记了同伴;人在大道里,就忘记了国家。"子贡道:"请问不和世俗人同类的人是何等样人?"孔子道:"他们不和世俗的人相合,可是和天理相合。所以说:被礼教拘束住的人,失了本性,天把他们当作小人,世人反把他们当作君子;而被天当作君子的,俗人就当他们是小人!"

以上论"方内"和"方外"的不同点。

颜回问孔子道:"孟孙才的母亲死了,他哭时没有眼泪,心中不觉悲伤,丧中也不哀痛。三种悲哀的表示,他一种都没有,反而以善居丧闻名鲁国,固然有不注重实际而获得空名的吗?我觉得很奇怪啊!"孔子道:"孟孙才可算对于道全明白的了,他比知礼的更进一层。丧事往往不能从简,但是,孟孙才简化了孟孙氏把死生付给自然的理,所以无所谓死生,更不知道去求生或求死,顺着自然的运行,任它把我化为何物,更等待将来不可预知的变化。并且,人的形体新陈代谢,无时不在变化中,哪里晓得自己不正在变化呢?但是,人的精神是不死的,是不变化的,人只知道精神是不变化的,就连形体也当作是不变化的,哪里晓得形体已变化了呢?我和你都像在做梦,不曾醒啊！而且，孟孙氏虽然有形体上的变化，可是，并没有劳累他的精神。他以为形体上的改变，像搬进新的住宅一般，本没有实在的死。孟孙氏独自清醒着，别人哭，他也随着哭，这是他自适其适。并且世人只看见此时自己具有形体，就以为这个形体是自己，哪里晓得以为'自己'的，果然是自己吗？还是不是自己呢？譬如，你曾做梦，变作鸟在天空中高飞，变作鱼在水底游泳，那么，究竟是鱼鸟在梦中呢？还是人在鱼鸟中呢？顺适比不上欢笑，欢笑来不及设计，安于自然的设计，听凭自然的演化，就进入了天的纯一之境。"

以上说孟孙氏尽方内的礼，行方外的道，把尘世看作大梦，形体看作偶然的成功，一任自然的变化。

意而子（尧时的贤人）去见许由，许由道："尧告诉你些什么？"意而子道："尧对我说：'你必定要用力实行仁义，明说是非。'"许由道："那你何必还要到此地呢？仁义的教化和是非的言论，毁坏人的本性，就像刑罚损伤人的形体一般！尧既然已经用仁义刺伤了你的脸，又用是非割了你的鼻子，你怎么能够逍遥放荡，无拘无束，游于变化的境界呢？"意而子道："但是，我还是希望能够游于这个境界的外围。"许由道："不可以，瞎子不能看见眉目颜色的美好，盲人无法欣赏青黄锦绣的华丽。你已经被仁义是非损伤了，哪里还能游于道的里面呢？"意而子道："无庄（古时的美人，因为得了道，自己不加修饰，忘了自己的美丽）能忘去自己的美貌；据梁（古时的大力士，因为得了道,守柔去刚,失了力气)能失去自己的气力;黄帝(古时的圣人,因为得了道,忘了自己的智慧)能忘去自己的智慧。可见,人学了道,就能改变气质,就像器具加以锻炼,就能完好一样。怎么晓得造物不会调养我脸上的伤,修补我割去的鼻子,使我再具有一个完全的身体,随从先生呢!"许由道:"唉,难可预知啊!我且把大略说给你听听:我的先生吗?我的先生像秋霜,使万物零落,但并不有心为义;像春天温和的风,生长万物,恩泽传到万世以后,并不是有心为仁;他的道比上古先有,可是并不算老;包容天地,使万物各具其形,而不算灵巧,这就是我的先生的'游'。"

以上说学道须忘去功名和事业。

颜回告诉孔子道:"我有进步了。"孔子道:"什么进步?"颜回道:"我把仁义忘去了。"孔子道:"可以,但还不够。"过了几天,颜回又来见孔子道:"我又有进步了。"孔子道:"什么进步?"颜回道:"我忘了礼乐了。"孔子道:"可以,但还是不够。"过了几天,颜回再一次去见孔子道:"我又进步了。"孔子道:"什么进步?"颜回道:"我坐忘了。"孔子听了,十分惊慌,问道:"什么是坐忘?"颜回道:"不知道有形体,摒除一切机智,离去形体,去除聪明,和大道相合,这就是坐忘。"孔子道:"和大道相合,就没有私心;顺着大道变化,就没有迂滞的情理。你确实是贤人啊!我也想跟你学学了。"

以上说学道须忘去仁义礼乐,以及自己的形骸。

子舆和子桑是好朋友。有一次连下了十天的雨,子舆知道子桑极穷,现在又连着下雨,他一定无处去谋食,乃道:"子桑或者已经饿病了吧?"就包裹了些饭,去送给他吃。到了子桑的门口,听见里面子桑又像在唱歌,又像在哭泣,又听见他弹着琴唱道:"父亲!母亲!天啊!人啊!"子舆听他唱的声音,晓得他疲惫极了,声气急促,全不成调子,便走了进去,问道:"你唱诗,怎么唱出这种声调来?"子桑道:"我在这里推想是谁使我这般穷困的,可是想不出来。我的父亲和母亲哪里愿意使我这般穷困呢?天包容万物,地承载万物,全没有偏私的心,天地哪里会偏私,独使我穷困呢?推求使我穷困的,终想不出来。那么,我这般穷困,是我的命啊!"

以上教学道、求道的门径,应当安命乐道。

应帝王

郭象说:"没有成心,任随自然变化的,应当做帝王。"

齧缺问于王倪,四问而四不知。齧缺因跃而大喜,行以告蒲衣子。蒲衣子曰:"而乃今知之乎!有虞氏不及泰氏!有虞氏其犹藏仁以要人,亦得人矣,而未始出于非人。泰氏其卧徐徐,其觉于于,一以己为马,一以己为牛,其知情信,其德甚真,而未始入于非人。"

肩吾见狂接舆。狂接舆曰:"日中始何以语女?"肩吾曰:"告我:君人者以己出经式义,庶人孰敢不听而化诸!"狂接舆曰:"是欺德也。其于治天下也,犹涉海凿河而使蚊负山也。夫圣人之治也,治外乎? 正而后行,确乎能其事者而已矣。且鸟高飞以避矰弋之害,鼷鼠深穴乎神丘之下,以避熏凿之患,而曾二虫之无知。"

无根游于殷阳,至蓼水之上,适遭无名人而

问焉,曰:"请问为天下?"无名人曰:"去!汝鄙人也,何问之不豫也!予方将与造物者为人,厌则又乘夫莽眇之鸟,以出六极之外,而游无何有之乡,以处圹埌之野。汝又何帠以治天下感予之心为?"又复问,无名人曰:"汝游心于淡,合气于漠,顺物自然而无容私焉,而天下治矣。"

阳子居见老聃曰:"有人于此,向疾强梁,物彻疏明,学道不倦。如是者,可比明王乎?"老聃曰:"是于圣人也,胥易技系,劳形怵心者也。且也,虎豹之文来田,猿狙之便来藉,如是者,可比明王乎?"阳子居蹴然曰:"敢问明王之治!"老聃曰:"明王之治,功盖天下而似不自己,化贷万物而民弗恃,有莫举名,使物自喜,立乎不测,而游于无有者也。"

郑有神巫曰季咸,知人之死生存亡、祸福寿夭,期以岁月旬日若神,郑人见之,皆弃而走。列子见之而心醉,归以告壶子曰:"始吾以夫子之道为至矣,则又有至焉者矣!"壶子曰:"吾与汝既其文,未既其实。而固得道与?众雌而无雄,而又奚卵焉！而以道与世亢，必信，夫故使人得而相女。尝试与来，以予示之。"明日，列子与之见壶子，出而谓列子曰："嘻！子之先生死矣，弗活矣，不以旬数矣。吾见怪焉，见湿灰焉。"列子入，泣涕沾襟，以告壶子。壶子曰："乡吾示之以地文，萌乎不震不止。是殆见吾杜德机也，尝又与来。"明日，又与之见壶子，出而谓列子曰："幸矣！子之先生遇我也，有瘳矣，全然有生矣，吾见其杜权矣。"列子入以告壶子，壶子曰："乡吾示之以天壤，名实不入，而机发于踵。是殆见吾善者机也。尝又与来。"明日，又与之见壶子，出而谓列子曰："子之先生不齐，吾无得而相焉。试齐，且复相之。"列子入，以告壶子，壶子曰："乡吾示之以太冲莫胜。是殆见吾衡气机也。鲵桓之审为渊，止水之审为渊，流水之审为渊，渊有九名，此处三焉。尝又与来。"明日，又与之见壶子，立未定，自失而走。壶子曰："追之。"列子追之不及，反以报壶子曰："已灭矣，已失矣，吾弗及已。"壶子曰："乡吾示之以未始出吾宗。吾与之虚而委蛇，不知其谁何,因以为弟靡,因以为波流,故逃也。"然后列子自以为未始学而归,三年不出,为其妻爨,食豕如食人,于事无与亲,雕琢复朴,块然独以其形立,纷然而封哉,一以是终。

无为名尸,无为谋府,无为事任,无为知主,体尽无穷,而游无朕。尽其所受乎天,而无见得,亦虚而已。至人之用心若镜,不将不迎,应而不藏,故能胜物而不伤。

南海之帝为儵,北海之帝为忽,中央之帝为浑沌。儵与忽时相与遇于浑沌之地,浑沌待之甚厚。儵与忽谋报浑沌之德,曰:"人皆有七窍以视听食息,此独无有,尝试凿之。"日凿一窍,七日而浑沌死。

[译解]

啮缺去问王倪,连着四问,王倪四次都回说不知道。啮缺悟会到不知的妙处,喜欢得跳了起来,走去告诉蒲衣子。蒲衣子道:"你现在才知道吗?有虞氏(虞舜,古时的帝王)不如泰氏(太昊伏羲氏,上古时代的帝王)就是因为:有虞氏心怀仁义,要结人心,虽得人民的归顺,可是不能超脱物外;至于泰氏,睡时极端的安适,醒时浑浑沌沌,像没有知识似的,任我做牛做马都好,他的智天真没有造作,他的德自然没有虚伪,和自然大道混合,从来不曾被物所束缚。"

以上说治理天下要以天为法则。

肩吾去见狂接舆,狂接舆道:"日中始对你说些什么?"肩吾道:"他说:'做人君的自己制定法度,庶人谁能不听从,不被我所感化呢?'"狂接舆道:"这不是什么好的东西,只好欺骗人民罢了。要用这个去治理天下,就譬如要在海中凿河、使蚊虫背负山一样不能成功。所以圣人的治理天下,是专凭外力吗?圣人正己而治天下,顺着百姓的习惯,使百姓各安其位。鸟尚且知道高飞,避开罗网和箭;小鼠尚知道深藏在社坛底下,免受火熏铲掘;人们怎么连两个虫都不如呢?"

以上说治理天下,在因百姓自治,不必用法度。

无根游于殷阳(地名),到了蓼水,遇着无名人,无根就问他道:"请问天下应当怎样治理?"无名人道:"去!你这个鄙陋的人!怎么问出这种让人不舒服的问题呢?我正要和天地的主宰交友,厌倦了,就驾着像雀鸟一般轻虚的气飞出天地四方以外,游于莫须有的地方,住在空阔无边的野外,你为何又拿治理天下的问题来烦扰我的心呢?"无根又问,无名人乃道:"使你的心恬淡,使你的气寂静,顺着物性自然,不要用自己的私意,那天下就能平治了。"

以上说治理天下，须要心地恬淡，顺着物的自然，不用机智。

阳子居去见老聃，问道："现在譬如此地有一个人应事敏捷，勇于决断，通达物理，勤于学道，这样可以和有圣德的帝王相比了吗？"老聃道："这个人若照这样去学圣人，就像衙役有了才能受人役使，会技艺的反被他的技艺系累，结果劳苦自己的形体，扰乱自己的心神，离圣人越远了。再看虎豹因为身上有文彩，以致招引了人来打猎；猴子因为身体活泼，被绳子系了起来。有了智能反而招祸，若说可以比得上有圣德的帝王，那虎豹和猴子也可以去作明王吗？"阳子居听了面色改变，问道："那请问，明王怎样治天下？"老聃道："明王治理天下，功业普及，可是自己以为不是我立的功；教化施及万物，可是百姓忘了他的功；百姓不能说出他的德来，而各自欢欣；他立足于神妙不可测的地位，而行其所无事。"

以上说治理天下，须出于无心。

郑国有一个极灵验的相面的，名叫季咸，能够预言人的死生祸福、寿命的长短，断定日期，没有不灵验的。郑国之人唯恐他说出不祥之言来，所以见了他都逃开。列子见了季咸，心中极信服，回去告诉壶子（列子的老师）道："起初我以为先生的道已极其高深了，哪晓得还有更高深的哩！"壶子道："我只传授了你虚文，未曾传给你道的实理，你以为晓得这些虚文就算得道了吗？我未曾传给你道的实理，你怎么能得道？就像许多母鸡,内中若没一只雄鸡,怎么能孵出小鸡来?你用道与世相抗,所以让人看出来了。你姑且叫季咸来替我相面。"第二天,列子果邀同季咸一起来,季咸相完了壶子的面,出来向列子道:"唉,你的先生将要死了,活不到十天了!我看见这般奇怪的相貌,像潮湿了的死灰,没有一毫生气啊!"列子进去,哭泣着把这一席话告诉了壶子。壶子道:"我刚才给他看的相貌像土地一般没有生气,不动又不止,他大概见我闭塞了我的生机,所以这般说吧!你再叫他来,替我相面。"第二天,列子又约了季咸来。季咸相罢了壶子的面,出来对列子道:"幸亏你的先生遇着了我!好了,有生气了!我见他闭塞当中有权变了!"列子进去把这话告诉了壶子。壶子道:"我刚才给他看的相貌,像天地之间生育万物,微露出的生机一任自然,全没有名实的形象可求。这一股生气,是由脚后跟发出来的。他大概见我微露生机,所以这般说吧!你再叫他来,替我相面。"第二天,列子又陪了季咸来。季咸相罢了壶子,出来对列子道:"你的先生的气色不一定,我不能替他相面。姑且等待他的气色平定了,再替他相吧。"列子进来把他的话告了壶子。壶子道:"我刚才给他看的相貌,乃是太空的气,圆浑无迹,他大概因见我的气机平衡,没有头绪可寻,所以没有法子替我相面了。鲵鱼在水中来回地游泳,激起波浪,成为深泉;有的水被鱼止住,回浪漩成深泉;有的水顺流下去,积成深泉;深泉共有九种,我给季咸看的相只取象于以上三种而已。你再让他来,替我看相。"第二天,列子又陪了季咸来见壶子。季咸见了壶子还未曾站定,便惊惶逃走。壶子道:"追上他!"列子没有追赶上,回来报告壶子道:"已经跑掉了,已经失去了,我不曾追赶得上。"壶子道:"我刚才给他看的,乃是万象俱空的境界。动静俱寂,一毫不把我所宗主的显露出来。我对于他,一去心机,顺物推移,没有丝毫的牵挂,像小草遇风披靡,像水随波逐流,千变万化,没有些微的迂滞。他不能窥测我的真相,所以逃去了。"列子这才感觉到自己所学的极浅,乃回到家中。三年不外出,替他的妻烧饭,不觉得羞耻;喂猪直当作请人饮食,忘却了贵贱的分别;对于世事,全没有心作为;由文彩反归朴实,像木石似的,没有丝毫的情感;将世间万物,尽看作空虚,除我以外,像更没有第二个物件似的。外表上看去纷杂散乱,没有修饰,可是能够终身专一于道。

　　以上说治理天下,须虚心没有作为,立足于神妙不测的地位,不可以让天下的人窥测透彻,开了机智的端。

　　不要享受名誉;不要主出谋虑;不要有作为,去负担事务;不要使机智,去主宰物类。体会大道无穷的理,外面看去愈加朴实,没有些微的形迹显露。保全天赋的本性,更没有自以为得的成见。这不过是使心地空虚无物而已。有至德的人用心,像镜子一般光照万物,可并不是出于有心,任物之来去,不加迎送,物进了可照见的范围,自现出影像,没有丝毫隐藏,所以能应接万物,而不为物伤。

以上是全篇的正文。

南海的帝王名叫倏,北海的帝王名叫忽,中央的帝王名叫浑沌。倏和忽常常到浑沌的国里遇会,浑沌待他们很好。倏和忽计划报答浑沌的美意,道:"人都有七窍(耳朵、眼睛、嘴和鼻孔)用来看、听、饮食和呼吸,唯独他没有,我们试替他凿开七窍来。"于是,他们每天替浑沌凿开一窍。到了第七天,浑沌就死了。

以上比喻知巧能够伤身损性。

焦竑说:"内篇的题目,都各有深刻的意思,外篇和杂篇各篇就只摘取篇首的字做题目。"

吴澄说:"《骈拇》《胠箧》《马蹄》《缮性》《刻意》五篇自为一体,究竟是不是庄子的书还是周朝秦朝人作的,不可断定。"王夫之和姚姬传也都疑外篇不出于庄子的笔墨。

骈拇

马通伯师说:"这篇极言自己炫耀矜夸的离出本性,全篇都是这一个意义。"

骈拇枝指,出乎性哉!而侈于德。附赘县疣,出乎形哉!而侈于性。多方乎仁义而用之者,列于五藏哉!而非道德之正也。是故骈于足者,连无用之肉也;枝于手者,树无用之指也;多方骈枝于五藏之情者,淫僻于仁义之行,而多方于聪明之用也。

是故骈于明者,乱五色,淫文章,青黄黼黻之煌煌非乎?而离朱是已。多于聪者,乱五声,淫六律,金石丝竹、黄钟大吕之声非乎?而师旷是已。枝于仁者,擢德塞性,以收名声,使天下簧鼓,以奉不及之法非乎?而曾、史是已。骈于辩者,累瓦结绳,窜句棰辞,游心于坚白同异之间,而敝跬誉无用之言非乎?而杨、墨是已。故此皆多骈旁枝之道,非天下之至正也。

彼至正者，不失其性命之情，故合者不为骈，而枝者不为跂，长者不为有余，短者不为不足。是故凫胫虽短，续之则忧；鹤胫虽长，断之则悲。故性长非所断，性短非所续，无所去忧也。意仁义其非人情乎？彼仁人何其多忧也？

且夫骈于拇者，决之则泣；枝于手者，龁之则啼。二者或有余于数，或不足于数，其于忧一也。今世之仁人，蒿目而忧世之患；不仁之人，决性命之情而饕贵富，故曰，仁义其非人情乎？自三代以下者，天下何其嚣嚣也？

且夫待钩绳规矩而正者，是削其性者也。待绳约胶漆而固者，是侵其德者也。屈折礼乐，呴俞仁义，以慰天下之心者，此失其常然也。天下有常然。常然者，曲者不以钩，直者不以绳，圆者不以规，方者不以矩，附离不以胶漆，约束不以缰索。故天下诱然皆生，而不知其所以生，同焉皆得，而不知其所以得，故古今不二，不可亏也。则仁义又奚连连如胶漆缰索，而游乎道德之间为哉？使天下惑也！

夫小惑易方，大惑易性，何以知其然邪？有虞氏招仁义以挠天下也，天下莫不奔命于仁义，是非以仁义易其性与？故尝试论之曰，三代以下者，天下莫不以物易其性矣，小人则以身殉利，士则以身殉名，大夫则以身殉家，圣人则以身殉天下。故此数子者，事业不同，名声异号，其于伤性以身为殉，一也。臧与谷二人相与牧羊，而俱亡其羊，问臧奚事，则挟策读书；问谷奚事，则博塞以游。二人者事业不同，其于亡羊均也。伯夷死名于首阳之下，盗跖死利于东陵之上，二人者所死不同，其于残生伤性，均也，奚必伯夷之是而盗跖之非乎？天下尽殉也，彼其所殉仁义也，则俗谓之君子，其所殉货财也，则俗谓之小人。其殉一也，则有君子焉，有小人焉，若其残生损性，则盗跖亦伯夷已，又恶取君子小人于其间哉！

且夫属其性乎仁义者，虽通如曾、史，非吾所谓臧也；属其性于五味，虽通如俞儿，非吾所谓臧也；属其性乎五声，虽通如师旷，非吾所谓聪也；属其性乎五色，虽通如离朱，非吾所谓明也。吾所谓臧者,非仁义之谓也,臧于其德而已矣。吾所谓臧者,非所谓仁义之谓也,任其性命之情而已矣。吾所谓聪者,非谓其闻彼也,自闻而已矣。吾所谓明者,非谓其见彼也,自见而已矣。夫不自见而见彼,不自得而得彼者,是得人之得,而不自得其得,适人之适,而不自适其适者也。夫适人之适而不自适其适,虽盗跖与伯夷,是同为淫僻也。余愧乎道德,是以上不敢为仁义之操,而下不敢为淫僻之行也。

[译解]
　　脚大拇指与第二趾相连的,叫骈拇;手有六个指头的,叫枝指,都是生来有的,但所得比人为过分。悬挂的赘疣是形成后附加的,但比于初生,就过于自然的本性。用多种方法施用仁义的,以为五性是人所同有,就将它列为五脏,以配合五行,但这实非道德本然的面目。所以,脚趾骈的,是连无用的肉;手指多一枝的,是长无用的指;超出五脏之情的,是对于五行太过牵强,而用聪明的方法太多。

　　所以,纵情于目力的,就迷乱五色,过分修饰,青黄黼黻,辉煌眩目。这就是从离朱产生出来的问题了。听觉聪敏,就迷乱于五声六律、金石丝竹、黄钟大吕。这又是师旷产生出来的问题了。标举仁义的，就只愿表显其德，不管塞蔽他们的本性，收罗名誉，使天下喧哗得像同笙簧鼓动一般，来奉行不可从的法式，曾参、史鱼就是如此。竞力于辩，就聚集无用的言语，如同堆瓦块结绳子一样，穿凿文字句子，把心思游荡在坚白同异一类的辩论里面疲劳，虽有一时的名誉，而无实用的言语，杨朱、墨翟就是如此。这些都是多骈旁枝之道，不是天下之最正。

最正的是不失性命原来的情理，所以就是合拢来也不觉得连并，枝出来也不觉得多一指头；长的不觉得有余，短的也不觉不够。譬如小鸭子的腿虽短，但硬要接长些，反倒要忧愁了；仙鹤的腿虽然长，倘硬要斫短些，反倒要悲哀了。所以，性本来是长的，不必缩短；性原来是短的，也不必接长。一切任从本然的特性，那自然就没有忧愁了，何必还要免去忧愁呢？仁义难道不是人情吗？那些仁人何以这么多忧呢？

足趾相连的，倘要劈开，就要哭泣；手指多一根，如咬掉它，就要叫起来。这两个对于固定的数，一个是太多，一个是不够，但是忧愁起来，却是一样。现在世界上的仁人，忧虑世界上未来的祸患，常常眯起眼睛发愁，眼睫毛蒙得像有青蒿一般；不仁的人又拼命贪图富贵。仁义不是人情吗？自从夏、商、周三代以后，天下又何以喧嚷不清呢？

要用钩绳规矩来调整的，都是损害了物的本性；用绳子绑起,用胶同漆粘牢,是伤了它的天真;周旋礼乐,用假仁假义来安慰天下人心,是失掉了它的常然。天下有常然,常然就是,弯曲的不用钩子,直的不用绳子,圆的不用规,方的不用矩,粘拢的不用胶漆,束缚的不用绳索。所以,天下之物自然长成,却不知如何长成,各有所得,却不知如何得到。从古到今,从无二理,就是不能用强力来亏损,那仁义又何必同胶漆绳索一样,在道德之中放纵呢!这简直是使天下迷惑呢!

而且,小惑是迷了方向,大惑就要失了真性,怎么知道的呢?自从虞、舜举揭着仁义的幌子,来扰乱天下,天下就都拼命奔往仁义里去,这不是用仁义来改变本性吗?现在试作论证:三代以后,没有不用外物来改变本性的人,于是,小人就为利牺牲,读书人就为名牺牲,做官的就为家牺牲,圣人就为天下而牺牲,这几种人事业不同,名声也不一样,然而他们伤害本性、牺牲自身却是一样。臧(男人娶婢女的叫臧)同谷(女人嫁奴隶的叫谷)两个人去放羊,羊全跑了。问臧在干什么事,他在拿着鞭子读书,问谷在干什么事,她是掷骰子玩去了,两个人的事不同,但丢失羊却是一样的。伯夷为名死在首阳山,盗跖为利死在东陵,两个人的死虽不同,但他们残害生命,损伤本性是一样的,何必要说伯夷对,盗跖错呢?天下都是在牺牲啊!所牺牲的是仁义,俗人就称他为君子;所牺牲的是货财,俗人就叫他为小人;其实牺牲都一样,又何必有君子小人的不同呢?若说到残害生命、损伤本性,盗跖也就是伯夷,伯夷也就是盗跖啊！

　　并且，强迫其性于仁义的，就是通达如曾参、史鱼一样，也不是所谓好；强迫其性于五味的，就是通达如俞儿（古时知味的人）一样，也不是所谓美；强迫其性于五声的，就是通达如师旷一样，也不是所谓聪；强迫其性于五色的，就是通达如离朱一样，也不是所谓明。我所说的好，不是仁义，是好在能自得；我所说的好，不是仁义，是能听从性命的真君；我所说的聪敏，不是说能听见他人，是能见自己；我所说的明，不是说他能见他人，是能见自己；倘若不能见自己，只看见他人，不能自得，只求他人，这是得别人所得，而不各有其得，安适别人的安适，而不自求安适。要是安适别人的安适，而不自求安适，那盗跖同伯夷都是淫僻的。我惭愧于道，所以，上不敢行仁义，下不敢行淫僻。

马蹄

苏舆说:"此篇乃是申明老子所说'无心作为,人民自然感化;清静不扰,人民自然正当'的旨意。全篇从头到尾,用马作譬喻,也是庄子内篇中所未有的。"

马,蹄可以践霜雪,毛可以御风寒,龁草饮水,翘足而陆,此马之真性也,虽有义台路寝,无所用之。及至伯乐曰"我善治马",烧之剔之,刻之雒之,连之以羁馽,编之以皂栈,马之死者十二三矣;饥之渴之,驰之骤之,整之齐之,前有橛饰之患,而后有鞭策之威,而马之死者,已过半矣。陶者曰:"我善治埴。圆者中规,方者中矩。"匠人曰:"我善治木。曲者中钩,直者应绳。"夫埴木之性,岂欲中规矩钩绳哉?然且世世称之曰:"伯乐善治马,而陶匠善治埴木。"此亦治天下者之过也。

吾意善治天下者不然,彼民有常性,织而衣,耕而食，是谓同德，一而不党，命曰天放。故至德之世，其行填填，其视颠颠。当是时也，山无蹊隧，泽无舟梁，万物群生，连属其乡，禽兽成群，草木遂长。是故禽兽可系羁而游，鸟鹊之巢可攀援而窥。

夫至德之世，同与禽兽居，族与万物并，恶乎知君子小人哉？同乎无知，其德不离；同乎无欲，是谓素朴。素朴而民性得矣。及至圣人，蹩躠为仁，踶跂为义，而天下始疑矣；澶漫为乐，摘僻为礼，而天下始分矣。故纯朴不残，孰为牺樽？白玉不毁，孰为珪璋？道德不废，安取仁义？性情不离，安用礼乐？五色不乱，孰为文采？五声不乱，孰应六律？夫残朴以为器，工匠之罪也；毁道德以为仁义，圣人之过也。

夫马，陆居则食草饮水，喜则交颈相靡，怒则分背相踶，马知已此矣。夫加之以衡扼，齐之以月题，而马知介倪、闉扼、鸷曼、诡衔、窃辔。故马之知而态至盗者，伯乐之罪也。

夫赫胥氏之时，民居不知所为，行不知所之，含哺而熙,鼓腹而游,民能以此矣。及至圣人,屈折礼乐,以匡天下之形,县跂仁义,以慰天下之心,而民乃始踶跂好知,争归于利,不可止也,此亦圣人之过也。

[译解]

　　马的蹄,可以践踏霜雪;毛,可以抵抗风寒;吃草饮水,高举起脚蹄乱跳,这是马的真性。至于高台大屋,马没有用处。自从伯乐(伯乐姓孙名阳,是古时善养马者)说"我精于养马",就烧了铁来烁马,修剪马毛,铲削马掌,在马身上烙下印记;再用头勒和脚绊把马连成行列,用马槽马枥将马分开次序,马已死了十分之二三了。再加饮食不足,奔跑过分,时刻被修剪扰乱,前面有马勒和缰绳,后面有鞭打的威胁,马就死了一大半了。烧窑的说:"我深明泥土的性质,精于治土器。"于是造作土器,圆的像规,方的像矩。木匠说:"我深明树木的性质,精于治木器。"于是制造木器,弯的像钩子,直的像绳子。泥土和树木哪里像规矩钩绳呢?然而世人总称:"伯乐精于养马,烧窑的和木匠精于制造土器木器,深明泥土和树木的本性。"也和治理天下的矫造人民的本性,反被称为深明百姓的本性,同样是一种过失。

我以为会治理天下的不像这样。人民有常性,譬如纺织衣服,耕种粟米,都是一样的自给自足,都是一样的浑一不偏,任天自在。所以"盛德的时代",百姓的行动迟重,目光专一。那时,人能自足,安居家中,而不外觅,所以山上尚不曾有小路,河里也不曾有船只桥梁。万物齐生,各不相干,只和自己邻近的交往。禽兽众多,草木茂盛,人无害禽兽的心,禽兽见人也不躲避,所以,禽兽可以让人牵着游荡,鸟巢可以任人攀援。

"盛德的时代",人类和禽兽同住在一起,和万物同聚在一块。哪里有什么"君子""小人"的分别呢?万物同样的没有机智,保有自己的本性;同样的没有欲望,天真无伪,朴实本分,这才是人民的本性啊!及至圣人用心设仁爱的教化,用力创义理的法度,天下才惑乱了;发明放纵无度的音乐,制作拘束烦琐的礼仪,天下才分裂了。完整的树木如不雕残,怎么会有酒杯?白玉如不凿毁,怎么会有珪璋(珪和璋都是玉器)?道德如不废坏,要仁义的教化有什么用?性情如不离开正道,要礼乐的制度有什么用?青黄赤白黑若不错乱,怎么会有文采?宫商角徵羽若不错乱,怎么会有音律?残损了物的天真,制成器具,这是工匠的罪过啊!毁坏了道德,制作仁义的教化,乃是圣人的过失啊!

马住在陆地上,吃草饮水;高兴时,把颈项靠紧,互相地摩擦,表示亲热;愤怒时,背身相对,用后脚蹄互相踢蹋,马晓得的已尽于此了。等到将驾马的横木加在马身上,用月题(加在马额上的佩饰,形状像月亮)加在马头上,使马的动作齐一,马方才用眼斜着看,低曲着颈项和驾马的横木相撞,企图吐出它的马勒,褪脱它的笼头。马晓得这些,失去它们的本性,以致态度虚诈,近于盗窃,是伯乐的罪过啊!

当赫胥氏(上古的帝王)的时代,人们居家非常的满足,浑浑沌沌,不知所作;出外很适意,随随便便,不知何从;嘴里含着食物嬉游,挺胸叠肚,四出晃荡。人们所能的尽于此了。等到圣人矫造礼乐,匡正天下人的形;凭空推崇仁义,安慰天下人的心;人们才开始矜夸自己,欺诈别人,竞逐利益,无法禁止。这是圣人之过啊!

胠箧

马通伯师说:"此篇乃是庄子愤恨当时的政客打着'仁义'的虚幌子,去图自己的私利、祸害天下而作的。"

将为胠箧、探囊、发匮之盗而为守备,则必摄缄縢,固扃鐍,此世俗之所谓知也。然而巨盗至,则负匮、揭箧、担囊而趋,唯恐缄縢、扃鐍之不固也。然则乡之所谓知者,不乃为大盗积者也?

故尝试论之,世俗之所谓知者,有不为大盗积者乎?所谓圣者,有不为大盗守者乎?何以知其然邪?昔者,齐国邻邑相望,鸡狗之音相闻,罔罟之所布,耒耨之所刺,方二千余里。阖四竟之内,所以立宗庙社稷,治邑屋、州闾、乡曲者,曷尝不法圣人哉?然而田成子一旦杀齐君而盗其国,所盗者岂独其国邪?并与其圣知之法而盗之。故田成子有乎盗贼之名,而身处尧、舜之安,小国不敢非,大国不敢诛,十二世有齐国,则是不乃窃齐国,并与其圣知之法,以守其盗贼之身乎?

　　尝试论之,世俗之所谓至知者,有不为大盗积者乎?所谓至圣者,有不为大盗守者乎?何以知其然邪?昔者,龙逢斩,比干剖,苌弘胣,子胥靡,故四子之贤而身不免乎戮。故盗跖之徒问于跖曰:"盗亦有道乎?"跖曰:"何适而无有道邪?夫妄意室中之藏,圣也;入先,勇也;出后,义也;知可否,知也;分均,仁也。五者不备,而能成大盗者,天下未之有也。"由是观之,善人不得圣人之道不立,跖不得圣人之道不行,天下之善人少而不善人多,则圣人之利天下也少,而害天下也多。故曰,唇竭则齿寒,鲁酒薄而邯郸围,圣人生而大盗起。掊击圣人,纵舍盗贼,而天下始治矣。夫川竭而谷虚,丘夷而渊实,圣人已死,则大盗不起,天下平而无故矣。圣人不死,大盗不止,虽重圣人而治天下,则是重利盗跖也。为之斗斛以量之,则并与斗斛而窃之;为之权衡以称之,则并与权衡而窃之;为之符玺以信之,则并与符玺而窃之;为之仁义以矫之,则并与仁义而窃之。何以知其然邪？彼窃钩者诛，窃国者为诸侯，诸侯之门，而仁义存焉，则是非窃仁义圣知邪？故逐于大盗，揭诸侯，窃仁义并斗斛、权衡、符玺之利者，虽有轩冕之赏弗能劝，斧钺之威弗能禁，此重利盗跖而使不可禁者，是乃圣人之过也。故曰，鱼不可脱于渊，国之利器，不可以示人。彼圣人者，天下之利器也，非所以明天下也。

故绝圣弃知，大盗乃止；擿玉毁珠，小盗不起；焚符破玺，而民朴鄙；掊斗折衡，而民不争；殚残天下之圣法，而民始可与论议。擢乱六律，铄绝竽瑟，塞瞽、旷之耳，而天下始人含其聪矣；灭文章，散五采，胶离朱之目，而天下始人含其明矣；毁绝钩绳而弃规矩，攦工倕之指，而天下始人有其巧矣。故曰，大巧若拙。削曾、史之行，钳杨、墨之口，攘弃仁义，而天下之德始玄同矣。彼人含其明，则天下不铄矣；人含其聪，则天下不累矣；人含其知，则天下不惑矣；人含其德，则天下不僻矣。彼曾、史、杨、墨、师旷、工倕、离朱，皆外立其德而以爚乱天下者也，法之所无用也。

子独不知至德之世乎？昔者容成氏、大庭氏、伯皇氏、中央氏、栗陆氏、骊畜氏、轩辕氏、赫胥氏、尊卢氏、祝融氏、伏羲氏、神农氏，当是时也，民结绳而用之，甘其食，美其服，乐其俗，安其居，邻国相望，鸡狗之音相闻，民至老死而不相往来，若此之时，则至治已。今遂至使民延颈举踵，曰"某所有贤者"，赢粮而趣之，则内弃其亲，而外去其主之事，足迹接乎诸侯之境，车轨结乎千里之外，则是上好知之过也。上诚好知而无道，则天下大乱矣。何以知其然邪？夫弓弩、毕弋、机变之知多，则鸟乱于上矣；钩饵、罔罟、罾笱之知多，则鱼乱于水矣；削格、罗落、罝罘之知多，则兽乱于泽矣；知诈渐毒、颉滑坚白、解垢同异之变多，则俗惑于辩矣，故天下每每大乱，罪在于好知。故天下皆知求其所不知，而莫知求其所已知者；皆知非其所不善，而莫知非其所已善者，是以大乱。故上悖日月之明，下烁山川之精，中堕四时之施，惴耎之虫，肖翘之物，莫不失其性。甚矣夫，好知之乱天下也！自三代以下者是已。舍夫种种之民,而悦夫役役之佞,释夫恬淡无为,而悦夫啍啍之意,啍啍已乱天下矣!

[译解]

  为了防备偷摸人家提箱行囊的扒手,和窃取人家柜里什物的小贼,必定用绳子捆紧,用锁关牢,这是世俗人所谓的智慧。可是大强盗一来,背起柜子,举起箱子,挑起包袱,一齐都抢走了,唯恐绳子捆得不牢,锁锁得不完固。那么以前所谓的智慧,不只是在替大盗积蓄吗?

  我们试讨论一下:世俗人所认为智慧的人,有不替大盗积蓄货财的吗?有不替大盗防卫财物的吗?何以见得是如此呢?从前,齐国强盛时,城市相接,没有荒芜的地方;人口繁多,鸡和狗的叫声各地互相可以听得见;捕鱼的范围和耕种的区域合起来有二千余平方里;统括四境之内,所以建立宗庙社稷(国君祭天地的地方),以及施设地方行政,何尝不以圣人为法则呢?可是田成子(齐国的大夫,名叫陈恒)忽然杀了齐国的国君,用非法的行动得到齐国,他所盗的岂但齐国,并连齐国取法于圣人的治国法度也一并窃去了。所以田成子虽名为盗贼,然而身居尧、舜的地位,小国不敢向他抗议,大国不敢对他讨伐,到现在,他的子孙身为齐国国君,已有十二代了。这难道不是窃取齐国,并窃取齐国取法于圣人的治国法度,用来保护其盗贼之身吗？

再加推论一下：世俗人所谓最有智慧之人，有不替大盗积蓄货财的吗？所称为大圣人的，有不替大盗防护赃物的吗？何以见得是如此呢？从前，龙逢（桀的贤臣）被杀，比干被割心，苌弘（周灵王的贤臣）被破肠，子胥（伍子胥是吴王夫差的贤臣）被杀了投在江中腐烂。四人虽贤，身体尚不免被杀戮，就是因为暴虐的国君窃取了圣人的法度，臣子不敢抵抗，这是圣人的法度的祸害啊！所以盗跖（古来的大盗）的徒党问盗跖道："强盗也有道吗？"盗跖道："强盗何往而不是道！譬如：起意偷人家屋里的什物，先推测里面的虚实，全算个正着，这就是圣；先进去就是勇；后出来就是义；知道见机行事就是智；分赃平均就是仁。圣、勇、义、智、仁，五样不备，而能成大盗，这是天下绝没有的事情。"这样看来，行善的人如不能得圣人之道，就不能行善；盗贼坏人如不能得圣人之道，就不能为盗。但是天下的好人少，坏人多，那圣人之道对于天下，有利益的少，祸害天下的反而很多了！所以说："把嘴唇高揭起来，牙齿就寒冷；鲁国的酒薄了，赵国的京城就被围（楚国大会诸侯，鲁国和赵国都献酒给楚王。鲁国的酒比赵国的酒淡薄，楚国管酒的就向赵国讨酒，赵国不肯给，管酒的气了，把鲁、赵二国的酒互相调了献上去。楚王以为赵国的酒淡薄，动了怒，就把赵国的邯郸围困住）。有了圣人，就有大盗。"这都是自然相因而生的。如打倒圣人，释放盗贼，天下就能太平了。譬如泉流干了,山谷方才空虚;高山平了,深水才可填满;圣人死了,大盗才可以不再有,天下方可太平无事。圣人如不死,大盗永不会肃清。若倚重圣人治理天下,只是对于盗贼一类的坏人更加有利:制造升斗,用来量物,就有伪造升斗的,反用升斗去渔利;规定秤杆、秤锤,用来称物,就有伪造秤杆、秤锤的,反用了去渔利;用符节和官印加以保证,就有伪造对牌和官印的,反用对牌和图章去图利;用仁义矫正百姓,就有假仁假义的,反用仁义去求私利,祸害别人。何以见得呢?譬如,偷窃别人腰带上钩子的,抓获了就被杀戮;用偷窃的手段,得到别人的国家,成功了,则身为诸侯。并且,诸侯的府第内歌功颂德之声不绝,一切仁义教化,都由此出,这难道不是虚伪造作,窃取仁义圣知,来图自己的私利吗?所以模仿大盗,强夺诸侯的国家,用偷窃的手段,拿仁义和升斗、秤杆、秤锤、符节和图信去图私利的,虽有官爵的重赏都不能禁止,虽用刀斧的严刑都不能防备。这样使盗贼享特殊的利益,结果无法禁止,是圣人的过失啊!所以说:"鱼不可以离开深水,国家赖以制人的精锐的器具不能公开让人看见。"圣人是天下赖以治人的精锐的器具,不是应当给天下人公开晓得的。

所以只有摒去圣智,大盗方可肃清;摔毁珠玉,小盗方不再有;烧灭印信,人民自会诚实;击破升斗,折断秤杆,人民自不争夺;毁尽天下圣人之法度,人民方才有资格和在上的议论;拨乱乐器上合音律的竹管,烧断竽(一种乐器)琴,闭塞瞎眼的师旷(晋平公的乐师,以明音律著名)的耳朵,天下人就不再显露自己的听觉过人了;毁灭文章,散乱五彩的颜色,黏合离朱(黄帝时人,以目光敏锐著名,传说能看见千里以外的针尖)的眼睛,天下人就不再显露自己的目力过人了;毁坏钩子绳索,弃去规矩(匠人用来画方圆的器具);折断倕(倕是尧时的人,以巧艺著名)的手指,天下人就不再显露自己的机巧了。所以说:"大巧的人因为机巧不外露,所以外表反似笨拙。"除去曾参、史鱼的行为,严禁杨朱、墨翟的言论,弃去仁义之说,天下人保有天真,便和玄妙的大道混同了。倘使人都不显露自己的目光过人,去辨清事物,天下就不会被光芒消坏了;人都不显露自己的听闻明达过人,去审察事物,天下就没有忧患了;人都不显露自己的智慧机巧过人,去加造作,扰乱事物,天下就不会惑乱了;人都不显露自己的德行过人,朴实本分,天下就没有邪僻的行为了。像曾参、史鱼、师旷、工倕、离朱等人,都将自己所得的标榜示人,像火光逼人一般,只足扰乱天下,都是应该消灭的。

　　你们独不知道所谓"盛德的时代"吗?从前,当容成氏、大庭氏、伯皇氏、中央氏、栗陆氏、骊畜氏、轩辕氏、赫胥氏、尊卢氏、祝融氏、伏羲氏、神农氏(都是古代的帝王)的时代,人民用绳子打结来记事;安分守己,觉得自己的饮食可口,衣服美观,习俗安乐,起居安适;邻国紧接,没有荒芜之地;人口繁多,鸡狗的叫声两地可以互相听见;人民都自食其力,有的一辈子都不互相往来。像这个时代,天下乃是真正的太平。现在乃至使人民伸长颈项,垫高了脚跟,寻求安身的地方,道:"某地的君王是贤人!"就携带粮食,前去依从。遗弃了家庭之爱,逃避了对本国君王的服役,纷纷离开本国,足迹接连于邻国的国境,车轮的印子交错于千里以外,这是君王喜欢机智的过失。君王若喜欢机智,扰乱事物,又无力平靖事物,天下就要大乱。何以见得呢?譬如弓、弩(有柄的弓,可以连发许多支箭)、毕(捕鸟的网)、弋(箭上结有丝绳,射后可将箭和射获物收回)、机(弩上钩弦的齿子)这样的东西多了,天空中的鸟就被扰乱了;钓鱼的钩子、引鱼的食物、捕鱼的网和捉鱼的竹器这样的东西多了,水底下的鱼就被扰乱了;施罗网的木栅、遮兽的网、捕兔的罝和捉兽的翻车这样的东西多了,山林里的兽就被扰乱了;欺诈阴险、不正的言论如"坚白"、诡怪的学说如"同异"("坚白"和"同异"都是辩论的学说)这样的言论多了,世俗人就被迷惑了。所以,天下昏昏乱乱,都是喜欢机智的罪过。天下人都想知道自己不知道的事,不知探寻自己已知道的事;都只知道非难别人的不对,不知道承认自己的错误,所以,天下大乱了。日月的光明被扰乱了,山川的精华被消尽了,四时的运行被破坏了,连无足的爬虫和微小的飞虫都丧失了自己的本性。唉,喜欢智慧会这样扰乱天下啊!自从三代以后就是这样了:舍弃诚实谨慎,喜欢精明机巧。不用清静无为的政策去理顺百姓,反喜欢自己的话,只喜欢自己的话,已经扰乱天下了!

刻意

马通伯师说:"这篇是以'体会纯素'立论。"

刻意尚行,离世异俗,高论怨诽,为亢而已矣,此山谷之士、非世之人、枯槁赴渊者之所好也。语仁义忠信,恭俭推让,为修而已矣,此平世之士、教诲之人、游居学者之所好也。语大功,立大名,礼君臣,正上下,为治而已矣,此朝廷之士、尊主强国之人、致功并兼者之所好也。就薮泽,处闲旷,钓鱼闲处,无为而已矣,此江海之士、避世之人、闲暇者之所好也。吹呴呼吸,吐故纳新,熊经鸟申,为寿而已矣,此道引之士、养形之人、彭祖寿考者之所好也。若夫不刻意而高,无仁义而修,无功名而治,无江海而闲,不道引而寿,无不忘也,无不有也,澹然无极而众美从之,此天地之道、圣人之德也。

故曰,夫恬惔寂寞,虚无无为,此天地之本,而道德之质也。故曰,圣人休休焉则平易矣,平易则恬惔矣，平易恬惔，则忧患不能入，邪气不能袭，故其德全而神不亏。

故曰，圣人之生也天行，其死也物化，静而与阴同德，动而与阳同波，不为福先，不为祸始，感而后应，迫而后动，不得已而后起。去知与故，循天之理，故曰，无天灾，无物累，无人非，无鬼责，不思虑，不豫谋，光矣而不耀，信矣而不期。其寝不梦，其觉无忧，其生若浮，其死若休，其神纯粹，其魂不罢，虚无恬惔，乃合天德。

故曰，悲乐者，德之邪，喜怒者，道之过，好恶者，心之失。故心不忧乐，德之至也；一而不变，静之至也；无所于忤，虚之至也；不与物交，惔之至也；无所于逆，粹之至也。

故曰：形劳而不休则弊，精用而不已则竭。水之性，不杂则清，莫动则平。郁闭而不流，亦不能清，天德之象也。

故曰，纯粹而不杂，静一而不变，惔而无为，动而以天行，此养神之道也。夫有干越之剑者，柙而藏之，不敢轻用也，宝之至也。精神四达并流，无所不极，上际于天，下蟠于地，化育万物，不可为象，其名为同帝。纯素之道，惟神是守，守而勿失，与神为一，一之精通，合于天伦。野语有之曰：众人重利，廉士重名，贤人尚志，圣人贵精。故素也者，谓其无所与杂也；纯也者，谓其不亏其神也，能体纯素，谓之真人。

[译解]

　　刻削意志，使行为高尚，不合潮流，爱唱高调，抨击社会黑暗，怨自己不遇时，一味地高亢，这是山野轻世、自甘枯寂、沉沦不返的人所喜好的；讲仁义忠信，恭敬节俭推让，一味自己修身，这是平时世上教育家、游学之人所喜好的；谈论立大功，成大名，讲君臣的礼节，定上下尊卑的名分，一味地为治平，这是朝廷里尊重君主、强霸国家、用功于敌国的人所喜好的；依着山林中水草丛生的地方，居住在旷野的所在，悠闲钓鱼，一味地为闲散，这是江海中隐逸闲暇的人所喜好的；练深呼吸，吐故纳新，习体操，学熊悬挂在树枝上，学鸟雀伸缩头颈，一味地为长寿，这是引导体气柔和、修炼养形、想高寿像彭祖的人所喜好的。倘若不刻削意志而高尚，不讲仁义而修心，无意功名而治平，没有江海而闲散，不修炼导引而长寿；无不忘，无不有,淡然到极点,众美就全随从着来了。这才是天地的大道,圣人的美德。

所以说,恬静淡泊,清净寂寞,空虚无为,是天地的根本、道德的根基。圣人休息在恬淡空虚里面,就是经历着险阻,也能平稳恬淡;能平稳恬淡,忧愁祸患就不能够侵入,邪气也不能够侵袭。于是他的德完整,而精神丝毫不亏损。

所以说,圣人的生存,是任凭自然而运动;他的死,是无所系挂,像蜕化一样,一动一静,都随同阴阳,出于无心。凡事不提倡,不做幸福的先进,也不做祸患的开始;感受着了方才响应,机会降临了方才动作,不得已方才起来;去掉智慧机巧,顺着天理,所以没有天灾,没有物累,没有人的是非,没有鬼的责备。他生存好像浮着,他死去如同休息,也不思想,也不预先计划,有光彩并不炫耀,有信实并不固执。他睡着了不做梦,醒了也没有忧愁,他的精神不杂乱,灵魂不疲劳,空虚恬淡,合天之德。

所以说,悲哀欢乐是德的不正,喜悦愤怒是道的过失,嗜好恶嫌是德的过错。心不忧愁欢乐,是德的极点;能纯一不变,是静到极点;心中空洞没有丝毫的违忤,是空虚到极点;凡事都听任其自来,没有与事物交接之心,是淡泊到极点;胸中不杂一点人欲,没有觉得不顺的,这是纯粹到极点。

所以说,形体劳苦不休息,就要弊坏,精力用之不已,就要疲劳,疲劳就枯竭。譬如水的本性,不混杂就能清,不搅动就能平，但如果闭塞不流动，就不能清，这种平静的自然运动，就是天德之象。

所以说，纯粹不杂，虚静专一而不变，淡泊无为，举动都顺着天然，这是养神的关键，如同吴国乾溪同越国若邪出产的宝剑，保藏在柜子里，不轻易使用，宝贵到极点；精神四面流露，没有不达到的地方，上通于天，下通于地，能变化养育万物，而不能得到它的形迹同现象，名字就叫"同帝"（与天地同生的意思）。纯粹朴素之道，是只要保守住精神，保守住不失掉，就与精神相通，与精神相通，就合了天然之道。俗语说：普通人注重利，廉洁的人注重名，贤人高尚意志，圣人宝贵精神。素的意义，是不杂乱，纯的意义，是不损精神，领悟到纯素的意义，就是真人。

缮性

宣颖说:"此篇和孟子所说的'君子的性分一定,虽然通达,对于他的性分并没有增益,虽然穷困,对于他的性分也没有损失'的意思相同。"马通伯师说:"此篇以'看淡世间上的因缘'立论。"

缮性于俗,学以求复其初;滑欲于俗,思以求致其明,谓之蔽蒙之民。

古之治道者,以恬养知,知生而无以知为也,谓之以知养恬,知与恬交相养,而和理出其性。夫德,和也;道,理也;德无不容,仁也;道无不理,义也;义明而物亲,忠也;中纯实而反乎情,乐也;信行容体而顺乎文,礼也;礼乐遍行,则天下乱矣。彼正而蒙己德,德则不冒,冒则物必失其性也。

古之人在混芒之中,与一世而得澹漠焉。当是时也,阴阳和静,鬼神不扰,四时得节,万物不伤,群生不夭,人虽有知,无所用之,此之谓至一。

当是时也，莫之为而常自然。

逮德下衰，及燧人、伏羲始为天下，是故顺而不一。德又下衰，及神农、黄帝始为天下，是故安而不顺。德又下衰，及唐、虞始为天下，兴治化之流，浇淳散朴，离道以善，险德以行，然后去性而从于心。心与心识知而不足以定天下，然后附之以文，益之以博。文灭质，博溺心，然后民始惑乱，无以反其性情而复其初。

由是观之，世丧道矣，道丧世矣，世与道交相丧也！道之人何由兴乎世，世亦何由兴乎道哉！道无以兴乎世，世无以兴乎道，虽圣人不在山林之中，其德隐矣。

隐故不自隐。古之所谓隐士者，非伏其身而弗见也，非闭其言而不出也，非藏其知而不发也，时命大谬也。当时命而大行乎天下，则反一无迹；不当时命而大穷乎天下，则深根宁极而待，此存身之道也。

古之行身者，不以辩饰知，不以知穷天下，不以知穷德，危然处其所而反其性，己又何为哉？

道固不小行，德固不小识。小识伤德，小行伤道，故曰，正己而已矣。

乐全之谓得志。古之所谓得志者，非轩冕之谓也，谓其无以益其乐而已矣。今之所谓得志者，轩冕之谓也。轩冕在身，非性命也，物之傥来，寄者也。寄之，其来不可圉，其去不可止，故不为轩冕肆志，不为穷约趋俗，其乐彼与此同，故无忧而已矣。今寄去则不乐，由是观之，虽乐，未尝不荒也。故曰，丧己于物，失性于俗者，谓之倒置之民。

[译解]

在世俗里磨砺心性，想学着回到本来；在世俗里沉沦欲望，以思考怎样达至光明，这种人就是"愚昧昏惑的人"。

古来学道的人，用恬静来养智慧，虽有智慧，却不去用智慧，这又是用智慧来养恬静。智慧和恬静互相保养，和顺的道德自然由性中发出来了。德是和，理是顺。德没有不容的，这是仁；道没有不顺的，这是义；义理明白，万物来亲，这是忠；忠实纯一，回返本性，就是快乐；让文化随着自然的节律存在，就是礼。文化如果没有顺着自然的节律存在，天下就要乱了。万物都是自然的正当，不能将人之德勉强加在万物上面，勉强加在上面,万物都要失去他们的本性了。

　　古代的人在天地初分的时候,和世界混合在一起,可是恬淡寂寞,没有作为。那时节,阴阳之气和顺安静,鬼神都不扰乱人类,四时的运行合于节度,万物都不受伤害,都能存在久长,人虽然有聪明,而无处可用,这就叫作"纯一的至德"。那个时代没有作为,万物都顺着自然。

　　可是,德渐渐地衰落了,等到燧人和伏羲治理天下时,只能顺从人民的心,不能混同万物为一。德更衰落了,等到神农、黄帝治理天下时,只能安天下,不能顺天下人的心;德更衰落了,等到唐、虞氏治理天下时,治理天下感化万民,使淳厚的民气日渐淡薄,朴实的心日渐消灭,离开了道去求善,隐没了德去行事,结果舍去天性,顺从人心。人都用心机互相窥破,巧诈更多,不能平定天下。再用世俗的礼文来修饰,用世俗的学问求见识广博。礼文灭实质,广博令人惑,结果人民昏乱迷惑,不能将性情返于原来的天真。

　　这样看来,世俗的风气放荡,消灭大道;大道消灭,更令淳古的风气消灭无余了。世风与道互相消灭,有道的人何从被世所用、行他的大道呢?世俗也何从恢复淳古有道的风气呢?有道的人不能行道显扬于世间,世俗不能恢复淳古有道之风气,那么圣人虽然不藏身在山林里,他的圣德终不能被人见用,如同隐晦了一般。

　　隐,不是自己要隐的。古来所谓做"隐士"的,并不是有意隐藏自己不被人看见；并不是不说出自己的话；并不是有意藏起自己的智慧，乃是时机命运不顺利，不得不如此啊！遇着时机和命运顺利，将大道行于天下，就让自己达到纯一无迹的状态，不逢着时机和命运的顺利，就保养自己的性命，去等待时机的成熟，这是保养生命的门道。

  古来善于保身的，不用精明点缀智慧，不用机智使天下人受苦，不使聪明多求反累了德性。独自处于自己的所在，又何用什么作为呢？道没有小行的，德没有小知的。小识会伤害德性，小行会伤害道体，所以说："端正自己就可以了。"

  以天性不受亏损为乐就叫作得志。古来所称得志并不是做高官，乃是指无可增加的快乐。现在得志乃是做高官。官爵对于人，不是像性命一般，外物偶然寄托一下，凡是寄托，它来不能禁止它，它去不能留住。有道的人不因为自己官爵高贵，就放纵自己的心志；不因为自己贫困，就降低身份，讨好世俗；官爵高贵与贫困，快乐都是一样的，所以不会有忧虑。现在世俗的人寄托一失去就不快乐了。这般看来，他们虽然快乐，心灵未尝不慌乱。所以说，因为外物迷失了自己，在世俗中丧失了天真，就是"愚昧昏惑的人"。

秋水

　　此篇推演《齐物论》的意旨。"不要用人事去毁灭天然,不要用造作去损坏性命,不要用有限身换无穷之名。谨慎守住这三句话不要违背,就可以回复到天真的本性了。"这是全篇的立论。

　　秋水时至,百川灌河,泾流之大,两涘渚崖之间,不辨牛马。于是焉河伯欣然自喜,以天下之美为尽在己。顺流而东行,至于北海,东面而视,不见水端。于是焉河伯始旋其面目,望洋向若而叹曰:"野语有之曰'闻道百,以为莫己若'者,我之谓也!且夫我尝闻少仲尼之闻,而轻伯夷之义者,始吾弗信,今我睹子之难穷也,吾非至于子之门,则殆矣!吾长见笑于大方之家。"

　　北海若曰:"井蛙不可以语于海者,拘于虚也;夏虫不可以语于冰者,笃于时也;曲士不可以语于道者,束于教也。今尔出于崖涘,观于大海,乃知尔丑,尔将可与语大理矣。天下之水,莫大于海,万川归之,不知何时止而不盈。尾闾泄之,不知何时已而不虚。春秋不变,水旱不知,此其过江河之流不可为量数,而吾未尝以此自多者,自以比形于天地,而受气于阴阳,吾在天地之间,犹小石小木之在大山也,方存乎见少,又奚以自多!计四海之在天地之间也,不似礨空之在大泽乎?计中国之在海内,不似稊米之在大仓乎?号物之数谓之万,人处一焉。人卒九州,谷食之所生,舟车之所通,人处一焉。此其比万物也,不似豪末之在于马体乎?五帝之所运,三王之所争,仁人之所忧,任士之所劳,尽此矣。伯夷辞之以为名,仲尼语之以为博,此其自多也,不似尔向之自多于水乎?"河伯曰:"然则吾大天地而小毫末,可乎?"北海若曰:"否!夫物,量无穷,时无止,分无常,终始无故。是故大知观于远近,故小而不寡,大而不多,知量无穷;证向今故,故遥而不闷,掇而不跂,知时无止;察乎盈虚,故得而不喜,失而不忧,知分之无常也;明乎坦途,故生而不说,死而不祸,知终始之不可故也。计人之所知,不若其所不知,其生之时,不若未生之时;以其至小求穷其至大之域,是故迷乱而不能自得也。由是观之,又何以知毫末之足以定至细之倪,又何以知天地之足以穷至大之域!"

河伯曰:"世之议者皆曰'至精无形,至大不可围',是信情乎?"北海若曰:"夫自细视大者不尽,自大视细者不明。故异便,此势之有也。夫精,小之微也;垺,大之殷也。夫精粗者,期于有形者也;无形者,数之所不能分也;不可围者,数之所不能穷也。可以言论者,物之粗也;可以意致者,物之精也;言之所不能论,意之所不能察致者,不期精粗焉。是故大人之行,不出乎害人,不多仁恩;动不为利,不贱门隶,货财弗争,不多辞让;事焉不借人,不多食乎力,不贱贪污,行殊乎俗;不多辟异,为在从众,不贱佞谄。世之爵禄不足以为劝,戮耻不足以为辱,知是非之不可为分,细大之不可为倪。闻曰:'道人不闻,至德不得,大人无己。'约分之至也。"

河伯曰:"若物之外,若物之内,恶至而倪贵贱？恶至而倪小大？"北海若曰："以道观之，物无贵贱；以物观之，自贵而相贱；以俗观之，贵贱不在己；以差观之，因其所大而大之，则万物莫不大；因其所小而小之，则万物莫不小。知天地之为稊米也，知毫末之为丘山也，则差数睹矣。以功观之，因其所有而有之，则万物莫不有；因其所无而无之，则万物莫不无，知东西之相反而不可以相无，则功分定矣。以趣观之，因其所然而然之，则万物莫不然；因其所非而非之，则万物莫不非，知尧、桀之自然而相非，则趣操睹矣。昔者尧、舜让而帝，之、哙让而绝，汤、武争而王，白公争而灭，由此观之，争让之礼，尧、桀之行，贵贱有时，未可以为常也。梁丽可以冲城，而不可以窒穴，言殊器也；骐骥骅骝，一日而驰千里，捕鼠不如狸狌，言殊技也；鸱鸺夜撮蚤，察毫末，昼出瞋目而不见丘山，言殊性也。故曰，盖师是而无非，师治而无乱乎？是未明天地之理、万物之情者也，是犹师天而无地，师阴而无阳，其不可行明矣，然且语而不舍，非愚则诬也。帝王殊禅，三代殊继,差其时,逆其俗者,谓之篡夫,当其时,顺其俗者,谓之义之徒,默默乎河伯,女恶知贵贱之门,小大之家!"

河伯曰:"然则我何为乎?何不为乎?吾辞受趣舍,吾终奈何?"北海若曰:"以道观之,何贵何贱,是谓反衍;无拘而志,与道大蹇。何少何多,是谓谢施;无一而行,与道参差。严严乎若国之有君,其无私德;繇繇乎若祭之有社,其无私福;泛泛乎若四方之无穷,其无所畛域;兼怀万物,其孰承翼,是谓无方;万物一齐,孰短孰长?道无终始,物有死生,不恃其成;一虚一满,不位乎其形;年不可举,时不可止,消息盈虚,终则有始,是所以语大义之方,论万物之理也。物之生也,若骤若驰,无动而不变,无时而不移,何为乎?何不为乎?夫固将自化。"

河伯曰:"然则何贵于道邪?"北海若曰:"知道者必达于理,达于理者必明于权,明于权者不以物害己。至德者,火弗能热,水弗能溺,寒暑弗能害,禽兽弗能贼,非谓其薄之也,言察乎安危,宁于祸福,谨于去就,莫之能害也。故曰,天在内,人在外,德在乎天。知天人之行,本乎天,位乎德,蹢躅而屈伸,反要而语极。"曰:"何谓天,何谓人?"北海若曰:"牛马四足,是谓天;落马首,穿牛鼻,是谓人。故曰,无以人灭天,无以故灭命,无以得殉名。谨守而勿失,是谓反其真。"

夔怜蚿,蚿怜蛇,蛇怜风,风怜目,目怜心。夔谓蚿曰:"吾以一足趻踔而行,予无如矣。今子之使万足,独奈何?"蚿曰:"不然。子不见夫唾者乎?喷则大者如珠,小者如雾,杂而下者不可胜数也。今予动吾天机,而不知其所以然。"蚿谓蛇曰:"吾以众足行,而不及子之无足,何也?"蛇曰:"夫天机之所动,何可易邪!吾安用足哉!"蛇谓风曰:"予动吾脊胁而行,则有似也。今子蓬蓬然起于北海,蓬蓬然入于南海,而似无有,何也?"风曰:"然,予蓬蓬然起于北海而入于南海也。然而指我则胜我,鳅我亦胜我。虽然,夫折大木、蜚大屋者,唯我能也,故以众小不胜为大胜也;为大胜者,唯圣人能之。"

孔子游于匡，宋人围之数匝，而弦歌不辍。子路入见曰："何夫子之娱也？"孔子曰："来，吾语女。我讳穷久矣，而不免，命也！求通久矣，而不得，时也！当尧、舜而天下无穷人，非知得也；当桀、纣而天下无通人，非知失也，时势适然。夫水行不避蛟龙者，渔父之勇也；陆行不避兕虎者，猎夫之勇也；白刃交于前，视死若生者，烈士之勇也；知穷之有命，知通之有时，临大难而不惧者，圣人之勇也。由处矣，吾命有所制矣。"无几何，将甲者进，辞曰："以为阳虎也，故围之；今非也，请辞而退。"

公孙龙问于魏牟曰："龙少学先王之道，长而明仁义之行，合同异，离坚白，然不然，可不可，困百家之知，穷众口之辩，吾自以为至达已。今吾闻庄子之言，汒焉异之！不知论之不及与？知之弗若与？今吾无所开吾喙，敢问其方。"

公子牟隐机太息，仰天而笑曰："子独不闻夫坎井之蛙乎？谓东海之鳖曰：'吾乐与！出跳梁乎井干之上，入休乎缺甃之崖；赴水则接腋持颐，蹶泥则没足灭跗；还视虷、蟹与科斗，莫吾能若也！且夫擅一壑之水，而跨跱坎井之乐，此亦至矣！夫子奚不时来入观乎！'东海之鳖，左足未入而右膝已絷矣，于是逡巡而却，告之海曰：'夫千里之远，不足以举其大；千仞之高，不足以极其深。禹之时十年九潦，而水弗为加益；汤之时八年七旱，而崖不为加损。夫不为顷久推移，不以多少进退者，此亦东海之大乐也。'于是井之蛙闻之，适适然惊，规规然自失也。且夫知不知是非之竟，而犹欲观于庄子之言，是犹使蚊负山，商蚷驰河也，必不胜任矣。且夫知不知论极妙之言，而自适一时之利者，是非坎井之蛙与？且彼方跐黄泉而登大皇，无南无北，奭然四解，沦于不测；无东无西，始于玄冥，反于大通。子乃规规然而求之以察，索之以辩，是直用管窥天，用锥指地也，不亦小乎！子往矣！且子独不闻寿陵余子之学行于邯郸与？未得国能，又失其故行矣，直匍匐而归耳。今子不去，将忘子之故，失子之业。"
公孙龙口呿而不合，舌举而不下，乃逸而走。

庄子钓于濮水,楚王使大夫二人往先焉,曰:"愿以境内累矣。"庄子持竿不顾,曰:"吾闻楚有神龟,死已三千岁矣,王巾笥而藏之庙堂之上。此龟者,宁其死为留骨而贵乎?宁其生而曳尾于涂中乎?"二大夫曰:"宁生而曳尾涂中。"庄子曰:"往矣!吾将曳尾于涂中。"

惠子相梁,庄子往见之。或谓惠子曰:"庄子来,欲代子相。"于是惠子恐,搜于国中三日三夜。庄子往见之曰:"南方有鸟,其名为鹓鶵,子知之乎?夫鹓鶵,发于南海而飞于北海,非梧桐不止,非练实不食,非醴泉不饮。于是鸱得腐鼠,鹓鶵过之,仰而视之曰:'吓!'今子欲以子之梁国而吓我耶?"

庄子与惠子游于濠梁之上。庄子曰:"儵鱼出游从容,是鱼之乐也。"惠子曰:"子非鱼,安知鱼之乐?"庄子曰:"子非我,安知我不知鱼之乐?"惠子曰:"我非子,固不知子矣。子固非鱼矣,子之不知鱼之乐,全矣!"庄子曰:"请循其本。子曰'汝安知鱼乐'云者,既已知吾知之而问我,我知之濠上也。"

[译解]

　　秋天的水涨,所有小河里的水都灌注到黄河里去,黄河的水面突然宽阔,两岸距离远了,隔着水都分不出牛和马来。于是河神大喜,以为天下的好处,全被他占尽了。乃顺着河流朝东行去,到了北海,朝东面一看,看不见水的边际。于是河神才将头旋转过来,仰面向海神叹息道:"俗语说:'听过很多有道的话,就以为没有人比得上自己。'这正是说我的啊!我曾听说,有人看不起孔子的见闻和伯夷的高义,起初我不相信,现在我看见你这般莫测,方才相信这话不虚啊!我若不到你这里来就糟了,必定永远被有道的人嘲笑。"

　　北海神道:"井里的鱼,不可以和它谈大海,因为它被井里的空间所拘束;夏季的虫,不可以和它们谈冬天的冰,因为它们被时令所支配;乡曲的读书人不可以和他们谈大道,因为他们被礼教束缚住了。现在,你才从两岸中间出来,看见了大海,就晓得你自己不如人,你还算虚心,可以和你谈说大道。天下的水,没有比海更大的了:无数的河流不歇地将水注进,不知道何时停止,可是海并不盈满;尾闾(海水外出的地方)不歇地将水泄漏出去,不知道何时停止,可是海并不因此干涸。春秋转变,不能改变我;水旱的灾,不能影响我。我的容量超过江河诸水,都不能用数量来计算了。但是我从来不曾因此觉得自己比别的东西伟大,因为我以为具形于天地,受阴阳之气,我在天地中间,就像小石头小树木在大山里一般,只存了自以为小的念头,怎么会觉得自己伟大满足呢?再计算四海在天地当中,不像蚂蚁洞在大山泽里面一样吗?计算中国在四海当中,不像粮食在大米仓里面一样吗?假使物类的数目有一万种,人类不过居其中一类;再统括四海以内的人,凡是依谷食生存的,车和船能够到达的,人数繁多,不可胜计,但是个人不过居其中一个。若将个人比万物,不像一根毫毛尖子在一匹马的身体上面一样吗?凡是五帝所任运的,三王所竞争的,仁人所忧虑的,能人所力行的,也不过这样罢了。伯夷辞去这些,成就高义之名;孔子谈说这些,成就渊博;他们这般夸大,不像你适才自夸于水一样吗?"河神道:"那我以天地为大,毫毛的尖子为小,可以吗?"北海神道:"不可以。因为万物的限量没有穷尽,时间没有止期,得失没有一定,终始没有头绪可寻。大聪明的人远近一齐观看,不只观看一处。知道万物的限量没有穷尽,所以不以小为少,也不以大为多;知道时间没有止境,所以证明古今,不因为古代遥远,不能达到而烦闷,不因为现代接近,就勉强去求分外的事;知道得失没有一定,审察到天道有增减,所以虽然得到,并不欢纵,虽然丧失,也不忧愁;知道终始循环没有头绪,明白生死是人所共行的平坦的大道路,所以不把生存当作快乐,也不把死亡当作祸患。

计算人所知道的，总没有他们不知道的那么多，计算人生存的时间，总没有他们不曾生的时间长。所以人的寿命短，不曾晓得的知识无穷。要用最小的生命去求探尽范围最大的知识，结果必是自己迷惑昏乱，毫无所得。这样看来，又怎么知道毫毛的尖子足够判定最小的度量，又怎么知道天地的巨量足够包括最大的范围呢？"

河神道："世俗议论的都说：'极端微小的，没有形体可求；极端巨大的，没有范围可定。'这是实在的情理吗？"北海神道："由微小的地位去观察巨大，不能看全遍；由极大的地位去观察微小，不能看清楚。精微是小中更小的，盛大是大中更大的。大小不同，所以认为对于自己便利的也各不相同，这都是由于形势而言，不必细加辨别。所称为精微和巨大的，都是限于有形迹可求的，至于微小到没有形迹的，连数量都分不清；巨大到没有范围的，连数量都不能包括。可以用言语形容的，尚可以称为是物的巨大的；可以用意思传达的，尚可以称为是物的精细的。至于言语所不能形容的，意思所不能传达的，就不限于精微和巨大了。所以有道之人，不损害别人，也不以为自己的仁爱的恩泽胜过别人；不愿多求利禄，也不以为守门的仆役求利为卑贱；不愿多争钱财，也不以为谦让的德为高尚；做事不愿多求人援助，用自己的力量只求自足，但也不以贪求无厌为卑贱，行为比世俗人特殊；不孤独怪异，做事顺着大众，但也不以附和少数要人为卑贱；世间的官爵俸禄都不能够劝励他;世间刑戮的耻辱都不能侮辱他;因为他知道,是非没有标准可以分别,大小没有头绪可以寻见。我听说:'有道的人不求有声名,有德的人不知有得,大人忘去了自己,尽性至命达于极点了。'"

河神道:"既然不限精微和巨大,那物的内外,怎么会分贵贱,怎么会分小大呢?"北海神道:"由大道看来,物不分贵贱;由万物本身看去,都自以为贵,以物为贱;由世俗看去,贵贱都是外来的,不是自己的。由等差的方向看去,那万物的性分是一样的,因其所大而大之,则万物都显得大;因其所小而小之,则万物都显得小。知道天地和稊米,毫毛的尖子和大山,一般的性分齐一,不分大小,等差的数量就可以相等了。由作用方面看去,万物的作用都是互相对待的,譬如箭因为有作用,所以盾牌也有作用的,凡和它们对待而发生的物件都有作用了;若说某物没有作用,凡是和它们对待而发生的物件都没有作用了。凡功用都是对待的,若知道东方和西方是相反的,但是没有东方就不能定西方,就晓得功分是相对的,不是绝对的了。由众人的意见的倾向看去,那随着别人的意见也称作对,万物都是对的了;随着别人的意见也说不对,万物都不对了。知道尧和桀和他们的党徒都以自己方面为对,以对方为不对,那人心倾向的不定就可以看出来了。从前,尧和舜让天下,而成有道的帝王;之哙(燕国的国君,让位给宰相子之,过了三年,国里大乱)因为让位而绝灭;商汤和周武王因为争夺而有天下；白公（楚平王的孙子，因为作乱而死）因为争夺，就灭亡了。这样看来，争夺和谦让的事体，尧和桀的行为，结果遭逢不同，都是偶然遇时，没有一定。大屋梁可以去冲击城市，可是不可以去塞小洞，这是说器具不同；骐骥骅骝（都是好马）一天可以跑一千里的路程，捉老鼠不如狐狸和野猫，这是说技能的不同；猫头鹰夜里能捉蚤虱，分别毫毛的尖端，白天虽瞪着眼睛，却看不出大山来，这是说习性的不同。俗语曾说：'何不只取法于对的，不要取法于不对的；只取法于治理的，不要取法于扰乱的呢？'这个乃是不曾明白天地和万物的情理的话，这个就和'只取法于天，不取法于地；只取法于阴，不取法于阳'一般，不可以实行，是很明显的了，可是大家还将这话说个不停，那不是愚笨没有知识，就是故意地瞎说了。五帝和三王得到天下，有的同族相承，有的让给别人，都各不相同；夏、商、周三代的传续，有的父子相承，有的出于争夺，也各不相同。和时代相差、和世俗违逆的，就被称为篡夺的人；和时代适合、和世俗相顺，就被称为高义的人。你别想了吧，河神！你哪里知道贵贱的门径和大小的根由呢？"

河神道："那么，我应当做什么，不应当做什么呢？我一切推辞、接受、进行和停止，到底应当怎样呢？"北海神道："由大道看来，何分贵贱呢？这就叫作'混合为一'，不要拘束了你的意志，以致难行大道。由大道看来，又何分多少呢？这就叫作'替代和施用来回交替'，你行事不要执有成见，以致和大道不齐合。要庄严正直,像国君对于人民没有偏私的恩惠;极端地自适其适,像社里的神对于祭他的人没有偏私的保佑;宽宽大大的,像大水四面不见边岸,不分界限;包容万物,不分彼此,又有谁承接我,有谁扶助我呢?这就叫作'没有偏向'。万物是一样的,有什么长短的分别呢?大道是没有终始的,万物却有死生的变化,所以不能依赖成功。天地的消长循环,形状没有定位。年岁不可以保留,时间不能停顿,天地阴阳之气消灭、生长、充实和亏虚,都是终始循环不已。能理解这些,才可以和他谈论大义,谈论万物的情理。万物生时,像马一样快,没有一个举动中不在变化,没有一刻时间里不在变动。应当做什么呢?不应当做什么呢?物自会自然地变化啊!"

河神道:"那么,道有什么可贵的呢?"北海神道:"知道大道的,必定通达物理;通达物理的,必能明白权变;明白权变的,不被外物伤害自己。至德之人,火不能烧,水不能溺,寒暑不能害,禽兽不能伤。并不是说他不受伤害,乃是因为他能充分感受到什么是安宁,什么是危险,充分感受到什么是祸患,什么是幸福,进退都极端的谨慎,所以没有什么东西能伤害他。所以说:'天机隐藏在里面,人事显露在外面,德在与天相接。'知道天和人的运行之道,才能够取则天然,适合自己的本分,随时屈伸,没有端倪,这乃是学问的顶点了。"河神道:"什么叫作天?什么叫作人?"北海神道:"牛马生来有四只脚,就叫作天;用笼头络在马头上,用环子穿在牛鼻子上,就叫作人。

所以说：'不要用人事去毁灭天然，不要用造作去损坏性命，不要用有限之身换无穷之名。'谨慎守住这三句话不要违背，就可以回复到天真的本性了。"

以上说学道的第一要识量大，见识精，再要知道最大的和最精的不限于形迹，大小、贵贱、是非和功用都不是绝对的，都是没有一定的，所以要没有作为，顺着自然的变化，回复天真的本性。

独脚兽羡慕多脚的虫，多脚的虫羡慕蛇，蛇羡慕风，风羡慕眼，眼羡慕心。独脚兽向多脚的虫道："我用一只脚跳着行走，没有比我再简便的了，现在你使用一万只脚，怎样行走呢？"多脚的虫道："你这话不对。你不曾看过吐唾液的吗？唾液喷出来，大点子像珠子，小点子像细雾，夹杂着一齐下来的，数都数不尽，都是出于天然啊！现在我顺着天机而动，自己也不晓得是什么缘故。"多脚的虫对蛇说道："我用许多脚行走，尚不如你没有脚走得快，是什么缘故呢？"蛇道："我顺着天机而动，哪能更改呢？我要脚有什么用处？"蛇对风说道："我用脊背和两胁引动着行走，像有脚一样；现在你吹得呜呜地响，由北海鼓动到南海，像全没有形体似的，这是什么缘故呢？"风道："是的。我吹得呜呜地响，由北海吹到南海。但是人若用指头指我，我不能吹断他的指头，人便胜过了我；人若用脚踢我，我也不能吹断他的脚，人又胜过了我。不过折断大树木，吹倒大房屋，只有我能做到。所以，这是以小胜利来取得大胜利,这种大胜利只有圣人才能够有。"

以上解释"不要用人为去毁灭天然"的意思。

孔子游行到匡,卫人将他重重围住,孔子还是弹琴歌唱不断。子路进去见孔子,问道:"先生怎么这般快乐?"孔子道:"过来,我跟你说说吧!我烦躁于穷困很久了,可是不能免除,这是天意啊!我求通达也很久了,可不能达到,这是时机所致。在尧、舜的时代,天下没有穷困的人,并不是他们聪明;在桀、纣的时代,天下没有通达的人,并不是他们愚蠢,乃是时机和形势不同啊!在水面行舟,不避开蛟龙,这是渔夫的勇敢;在陆地行走,不避开兕(野牛)虎,这是猎人的勇气;明晃晃的刀子在前都不怕,将死亡看作生存,不足介意,这是烈士的勇敢;知穷困是天命,知通达是时机,临大灾难而不害怕,这是圣人的勇敢!由,你去休息吧,我的命是天注定的。"不多时,持兵器的将官进来谢罪,道:"错把你们当成阳虎了,所以将你们围住。现在知道不是,我们对不起,将军队撤走。"

以上解说"不要用造作去损坏性命"的意思。

公孙龙问魏牟道:"我幼年学习古代圣王的大道,年长后就明白仁义之行,于是创出'混合同异'和'分离坚白'的理论。别人以为不对的,我能证明成对的;众人以为不可以的,我能证明成可行的。困塞所有著述家的心智,屈服一般人的论辩,我自己以为明达极了。可我现在听见庄子的话,觉得迷惑,不知道是我的论辩不及他呢,还是我的智慧不如他呢?现在我只好不说话了,请问是什么缘故呢?"

魏牟听了,靠着几子叹息,仰头向天笑道:"你就不曾听说过浅井里的蛤蟆的故事吗?浅井里的蛤蟆对东海里的鳖说道:'我快乐啊!我在井边来回地跳着;在紧靠水边的破砖上休息着;在水里游泳,就承托两腋,淹齐两腮;在泥里活动,泥就盖没脚背;回头看,井里的红虫、螃蟹和蝌蚪都没有我这般快乐。并且,我专有一坑水,盘踞一口井,这是快乐的极点了。先生,你何不常进来玩玩呢?'东海的鳖左脚尚未跨进,右膝已被绊住了,于是缓缓地退出,将大海的形状告诉蛤蟆:'虽有千里远的距离,尚不够它的壮大;虽有千仞(一仞等于八尺)的高度,也量不尽它的深广。禹的时代,十年里有九年发大水,可海里的水并不增加;汤的时代,八年里有七年干旱,可海水并不减退。不因为时间的长短改变,不因为雨量的多少增减,这是东海的大快乐啊!'浅井里的蛤蟆听了这话,惊骇得张皇失措。现在,你的聪明不知道是非的究竟,就想观察庄子之言,这就像蚊虫背负大山、商蚷(一种小虫,又名马蚿)在河里跑一样,必是不可能的了。并且,你的智慧不能去讨论精微,只知道逞一时的口辩,不很像浅井里的蛤蟆一样吗?而且庄子将踩着泉水,升上高天,不分南北,四通八达,没有阻碍;达到深不可测的境界,不分东西,他的道精微难测,对于物无不通透。你这般小气地同他斤斤计较,这简直是由管中小洞去看天,用锥子去测地一样,不太鄙陋了吗?你还是回去吧!你就不曾听说寿陵(战国时代燕国的地名)的少年到赵国邯郸学走路的事吗?未曾学得赵国人的走路,又失去了自己的步伐,只好爬着回去啊!现在你若不离开,你要忘掉你的步伐了,你就要失业了!"公孙龙听了,惊骇得嘴巴张开,舌头放不下来,狼狈地逃走了。

以上解说"不要将有限的所得为无穷的名而牺牲"的意思。

庄子在濮水边钓鱼,楚王令两个大夫前去,对庄子说:"愿将国内的大事付托给先生。"庄子听了,拿着钓鱼竿不理,道:"我听说楚国有个神龟,死了已经有三千年了。大王尚将它藏在竹器里,用布巾包好,放在庙堂之上。这个龟情愿死后保留着骨头被人贵重呢,还是活在泥里拖着尾巴爬呢?"两个大夫说道:"情愿拖着尾巴爬。"庄子道:"去吧!我将'拖着尾巴爬'了。"

惠子做梁惠王的相,庄子去见他。有人对惠子道:"庄子来,想要代替你为相。"惠子听了害怕,在国内搜了庄子三天三夜。庄子去见他,道:"南方有一只鸟,名叫鹓鶵。你知道吗?鹓鶵由南海飞往北海。不遇到梧桐,它不停;不是竹结的果子,它不吃;不是甘甜的泉水,它不喝。有一只猫头鹰得到一只腐烂的老鼠,当鹓鶵飞过,他恐怕鹓鶵要夺走,于是仰起头,向着鹓鶵发出'吓'的叫声。现在,你要因为你的梁国而来'吓'我吗?"

以上两段都是再加解说"不要将有限的所得因为无穷的名而牺牲"的意思。

庄子和惠子在濠梁上闲谈。庄子道:"儵鱼(白鱼)很舒缓地游泳着,这是鱼快乐了啊!"惠子道:"你又不是鱼,你怎么会知道鱼是快乐呢?"庄子道:"你不是我,怎么知道我不知道鱼的快乐呢?"惠子道:"我不是你,固然不知道你。你也不是鱼,你不知道鱼,是没有疑义的。"庄子道:"理一下话,你说'你怎么会知道鱼是快乐呢',是已经知道我知道鱼的快乐,再问我的。我知道,是在濠梁上啊!"

以上说庄子在桥上游玩快乐,就知道桥下的鱼也快乐,是证明"返归天真"的意思,保有天真的本性,就能随地和物同乐了。

至乐

此篇和《大宗师》的旨意相同。

天下有至乐无有哉?有可以活身者无有哉?今奚为奚据?奚避奚处?奚就奚去?奚乐奚恶?

夫天下之所尊者,富贵寿善也;所乐者,身安厚味美服好色音声也;所下者,贫贱夭恶也;所苦者,身不得安逸,口不得厚味,形不得美服,目不得好色,耳不得音声。若不得者,则大忧以惧,其为形也亦愚哉!

夫富者,苦身疾作,多积财而不得尽用,其为形也亦外矣!夫贵者,夜以继日,思虑善否,其为形也亦疏矣。人之生也,与忧俱生,寿者惛惛,久忧不死,何之苦也!其为形也亦远矣。烈士为天下见善矣,未足以活身,吾未知善之诚善邪?诚不善邪?若以为善矣,不足活身;以为不善矣,足以活人。故曰,忠谏不听,蹲循勿争。故夫子胥争之,以残其形;不争,名亦不成,诚有善无有哉?

今俗之所为与其所乐,吾又未知乐之果乐耶?果不乐邪?吾观夫俗之所乐,举群趣者詮詮然,如将不得已,而皆曰乐者,吾未知之乐也,亦未知之不乐也。果有乐无有哉?吾以无为诚乐矣,又俗之所大苦也。故曰,至乐无乐,至誉无誉。

天下是非,果未可定也。虽然,无为可以定是非,至乐活身,唯无为几存。请尝试言之:天无为以之清,地无为以之宁,故两无为相合,万物皆化生。芒乎芴乎?而无从出乎?芴乎芒乎?而无有象乎?万物职职,皆从无为殖,故曰:天地无为也,而无不为也,人也孰能得无为哉!

庄子妻死,惠子吊之,庄子则方箕踞鼓盆而歌。惠子曰:"与人居,长子、老、身死,不哭,亦足矣,又鼓盆而歌,不亦甚乎?"庄子曰:"不然,是其始死也,我独何能无概然?察其始而本无生;非徒无生也,而本无形;非徒无形也,而本无气。杂乎芒芴之间,变而有气,气变而有形,形变而有生。今又变而之死,是相与为春秋冬夏四时行也。人且偃然寝于巨室,而我噭噭然随而哭之,自以为不通乎命，故止也。"

支离叔与滑介叔观于冥伯之丘、昆仑之虚，黄帝之所休。俄而柳生其左肘，其意蹶蹶然恶之。支离叔曰："子恶之乎？"滑介叔曰："亡，予何恶？生者假借也，假之而生生者，尘垢也。死生为昼夜。且吾与子观化而化及我，我又何恶焉！"

庄子之楚，见空髑髅，髐然有形。撽以马捶，因而问之曰："夫子贪生失理，而为此乎？将子有亡国之事、斧钺之诛，而为此乎？将子有不善之行，愧遗父母妻子之丑，而为此乎？将子有冻馁之患，而为此乎？将子之春秋，故及此乎？"于是语卒，援髑髅，枕而卧。夜半，髑髅见梦曰："子之谈者似辩士。视子所言，皆生人之累也，死则无此矣。子欲闻死之说乎？"庄子曰："然。"髑髅曰："死，无君于上，无臣于下，亦无四时之事，从然以天地为春秋，虽南面王乐，不能过也。"庄子不信，曰："吾使司命复生子形，为子骨肉肌肤，反子父母妻子，闾里知识，子欲之乎？"髑髅深矉蹙頞曰："吾安能弃南面王乐，而复为人间之劳乎？"

颜渊东之齐,孔子有忧色。子贡下席而问曰:"小子敢问,回东之齐,夫子有忧色,何邪?"孔子曰:"善哉汝问!昔者管子有言,丘甚善之,曰:'褚小者不可以怀大,绠短者不可以汲深。'夫若是者,以为命有所成而形有所适也,夫不可损益。吾恐回与齐侯言尧、舜、黄帝之道,而重以燧人、神农之言。彼将内求于己而不得,不得则惑,人惑则死。且女独不闻邪?昔者,海鸟止于鲁郊,鲁侯御而觞之于庙,奏九韶以为乐,具太牢以为膳,鸟乃眩视忧悲,不敢食一脔,不敢饮一杯,三日而死。此以己养养鸟也,非以鸟养养鸟也。夫以鸟养养鸟者,宜栖之深林,游之坛陆,浮之江湖,食之鳅鲦,随行列而止,委蛇而处。彼唯人言之恶闻,奚以夫诡诡为乎?《咸池》《九韶》之乐,张之洞庭之野,鸟闻之而飞,兽闻之而走,鱼闻之而下入,人卒闻之,相与还而观之。鱼处水而生,人处水而死,彼必相与异,其好恶故异也。故先圣不一其能,不同其事,名止于实,义设于适,是之谓条达而福持。"

列子行食于道从，见百岁髑髅，攓蓬而指之曰："唯予与汝知而未尝死，未尝生也。若果养乎？予果欢乎？"

种有几，得水则为䘩，得水土之际，则为蛙蠙之衣，生于陵屯，则为陵舄；陵舄得郁栖，则为乌足，乌足之根为蛴螬，其叶为胡蝶；胡蝶胥也，化而为虫，生于灶下，其状若脱，其名为鸲掇；鸲掇千日为鸟，其名曰干余骨，干余骨之沫为斯弥，斯弥为食醯；颐辂生乎食醯，黄軦生乎九猷，瞀芮生乎腐蠸，羊奚比乎不箰；久竹生青宁，青宁生程，程生马，马生人，人又反入于机。万物皆出于机，皆入于机。

[译解]

宣颖说："世俗所尚的快乐是形体的享乐；学道人所尚的快乐乃是精神的愉快。形体上的享乐伤身损性，至于精神上的快乐乃是'最真的快乐'。"

天下有没有"最真的快乐"？有没有真正延长寿命的方法？如果有，要在意什么，依据什么，回避什么，保留什么，趋就什么,舍弃什么,厌恶什么,喜欢什么?

天下人所赞美的是:长命、富贵和幸运。所喜欢的是:身体安适、饮食合口、装饰华丽、色欲满足、音乐悦耳。所厌恨的是:贫穷、卑贱、死亡、疾病。所为忧苦的是:身体不得安逸,口腹不得美味,服装不得华丽,身体不得美色,耳朵不得音声。若得不到这些东西,就忧愁不定。这样地为形体,不是太愚蠢了吗?

富人劳苦身心,勤恳做事,钱财聚得很多,自己却不能用完,这般为形体,也过于追求外在了!高官们日夜只是担心自己的地位,对自己的身体也太轻忽了!人一出生,总离不了烦,人昏昏沉沉,恨不得马上死去,怎么这样苦啊!对养护身体也太放逸了。烈士被天下的人称"善",可是不能保存自己的生命。我不知道这个"善"实在是善呢,还是不善呢?若把他认为善,可是他连自己的生命都保不住;若认为他不善,他又救了很多人的生命。所以说:"谏诤国君,国君不听,就顺从他,不要和他争论。"所以子胥谏争,连自己的形体都残损了;如果不争,伍子胥也不会有名。这样看来,有没有善呢?

现在世俗的所为,和他们认为快乐的,我不知道是快乐,还是不快乐。我看世俗人拼了命地去追求,好像身不由己似的。可世人都说:"这是快乐啊!"我不认为是快乐,也不认为并没有快乐。果然没有快乐吗?我以为"清静无为"是快乐的,但世俗人受不了。所以说:"至乐无乐,至誉无誉。"

天下的是非没有一定。但是,清静无为,就能定是非了。至极的快乐可以养活身心,只有无为,才能得到。让我申说一下:天无为才能清明,地无为才能安定。两无为一起,万物才能生存。恍恍惚惚,不知从什么地方变化生长;惚惚恍恍,不知从什么地方显出象来。万物生长,皆从无为变化。所以说:"天地无心作为,可没有什么不是天地做的。"人谁能真正无为啊!

以上说要"最真的快乐",必先无心作为。

庄子的妻死了,惠子前去吊丧,看见庄子正蹲坐着,敲着盆在唱歌。惠子道:"和妻居住在一块这么许多年了,她替你生养子女,现在年老身死,你最多不哭罢了,再敲着盆唱歌,不是太过分了吗?"庄子道:"这不对。刚刚她死的时候,我内心怎能不悲伤呢!可是追寻根本,她的始本没有生命;非但没有生命,也没有形象;非但没有形象,并且没有气息。在恍恍惚惚之间,才有了气息;气息变化成形象;形象再变化成生命;现在又回到原初的样子。这就像春夏秋冬的变迁一样,人家在天地之间逍遥自在,而我还一个劲地啼哭,我觉得这样对于性命的常理太不通达了,所以停止去哭她。"

支离叔和滑介叔("支离"是"忘去形体"的意思。"滑介"是"忘去心智"的意思。"支离叔"和"滑介叔"都是虚构的人名)同到冥伯之丘、昆仑之墟去玩耍——这是黄帝曾经遨游的地方。忽然滑介叔左手上生了个瘤,滑介叔很不安,很讨厌的样子。支离叔道:"你讨厌它吗?"滑介叔道:"不,我怎么会呢?人的生命,只是暂时的假合。假合的生命,就像尘埃一样。生与死就像白天与黑夜一样循环不已。我和你观察天道的变化,现在变化到了我身上,我又有什么讨厌呢?"

庄子到楚国去,看到一个骷髅,当中全都空干了。庄子拿马鞭在骷髅上敲了敲,因问道:"先生,你是因为生前贪生犯法,被法律制裁的吗?是你的国家灭亡了,被斧铖砍杀的吗?是你生前行为不端,带累了妻子父母,而自杀的吗?是因为你穷困,冻饿死的吗?是因为你到了天然的寿命吗?"庄子说完,就把骷髅拿过来,当作枕头睡去。到了半夜,庄子梦见骷髅向他说:"刚才你说的话,很像辩士。但你所说的话,都是活人的系累,死了就没有了。你想听死后的样子吗?"庄子道:"很想听啊!"骷髅道:"死后,上面没有君王,下面没有奴婢,也没有春秋冬夏的事。放纵没有拘束,把天地的长久当作自己的命。就连'天子之乐',也不能达到这样!"庄子不相信,道:"我使'掌管生命的神'复你形体,骨肉再造,肌肤重生,使你和父母妻子团聚,重回故乡,和朋友邻居相会。你愿意吗?"骷髅听了,眉头紧锁:"我哪能放弃'天子之乐',回去受人间的罪呢?"

以上三段说,死并不是不快乐,求"最真的快乐"的,须将生死的关头看破。

颜渊到齐国去,孔子很烦恼。子贡(孔子的学生)离开座位向孔子问道:"学生请问,回(颜渊的名字)到齐国去,先生很烦恼,这是为什么呢?"孔子道:"你这个问题问得好。管子有两句话,我觉得很有道理。他说:'口袋小了,不能装大东西;绳子短了,不能汲深井之泉。'他这般说,就是认为,性命有所形成的道理,形体有适合从事的工作。'这是不能改变的。我恐怕颜回向齐侯说黄帝、尧、舜之道,还加上燧人、神农的言论啊!齐侯听了,必不能感动;不能感动,就会迷惑;一旦齐侯迷惑,颜回就危险了。况且,你曾听说过吗?从前,有只海鸟落在鲁国郊外,鲁侯把它迎进宗庙,献酒给它,奏《九韶》(音乐名)给它,宰牛羊给它。海鸟于是目光昏乱,心里悲伤,不敢吃一块肉,不敢饮一杯酒,三天也就去世了。这是用养人的方法去养鸟,不是用养鸟的方法来养鸟。用养鸟的方法养鸟,应当让鸟住在深林中,在沙滩上游荡,在江湖中游玩,让它吃泥鳅,随鸟类的习惯,自由自在。它连人说话都不想听,要那些嘈杂的音乐有什么用?如在洞庭湖边演奏《咸池》《九韶》,鸟听了要飞走;兽听了要奔逃;鱼听了要潜到水底去;只有人们听了才会过来看。鱼在水里能够活,人在水中就淹死了。他们习性不同,喜好不一样。所以一定要相同,名实相副就足够了;义理施设,只要足够就行了,这就叫作'条理通达,福分常在'。"

以上说养形不如适性。

列子去某地旅行,在路边吃饭,看见路旁有一个百岁的骷髅。拔下它的草,指着它道:"只有我和你知道,你其实未尝生,未尝死啊!你果然心忧吗?我果然以生为乐吗?"

变化有几种呢?沾着水的湿润,从中生出细微的水草;得到空气,就在水土之间生出青苔;生在高爽之地,就变成车前草了;车前草遇着粪便,又变成乌足草;乌足草的根最后变成蛴螬(金龟子的幼虫),叶子变做蝴蝶;蝴蝶忽然变成虫子,生在灶下,形状好像没有外壳,名叫鸲掇;鸲掇过一千天,变化成鸟,鸟名叫干余骨;干余骨的口水化作斯弥;斯弥化作蠛蠓;颐辂生于蠛蠓;黄軦生于颐辂;九猷生于黄軦;黄軦生萤火虫;羊奚(一种草,根像芜菁)的根连合在久不生笋的竹上,就生出青宁(竹根上的虫)来;青宁生程(一种红虫);程生马;马生人;人又回到天然。万物都发生在天然,回到天然。

以上说万物变化只是一气之转,并无死生。

山木

　　苏舆说:"此篇乃是庄子的学生所记,旨意和《人间世》相同,所说的大都是身处乱世、避免祸害的方法。"

　　庄子行于山中,见大木,枝叶盛茂,伐木者止其旁而不取也。问其故,曰:"无所可用。"庄子曰:"此木以不材得终其天年夫!"
　　出于山,舍于故人之家,故人喜,命竖子杀雁而烹之。竖子请曰:"其一能鸣,其一不能鸣,请奚杀?"主人曰:"杀不能鸣者。"
　　明日,弟子问于庄子曰:"昨日山中之木,以不材得终其天年;今主人之雁,以不材死,先生将何处?"庄子笑曰:"周将处乎材与不材之间。材与不材之间,似之而非也,故未免乎累。若夫乘道德而浮游则不然,无誉无訾,一龙一蛇,与时俱化,而无肯专为;一上一下,以和为量,浮游乎万物之祖,物物而不物于物,则胡可得而累邪?此神农、黄帝之法则也。若夫万物之情、人伦之传则不然:合则离,成则毁,廉则挫,尊则议,有为则亏,贤则谋,不肖则欺,胡可得而必乎哉!悲夫!弟子志之,其唯道德之乡乎!"

市南宜僚见鲁侯,鲁侯有忧色。市南子曰:"君有忧色,何也?"鲁侯曰:"吾学先王之道,修先君之业,吾敬鬼尊贤,亲而行之,无须臾离居,然不免于患,吾是以忧。"市南子曰:"君之除患之术浅矣!夫丰狐文豹,栖于山林,伏于岩穴,静也;夜行昼居,戒也;虽饥渴隐约,犹旦胥疏于江湖之上而求食焉,定也,然且不免于罔罗机辟之患,是何罪之有哉?其皮为之灾也。今鲁国独非君之皮邪?吾愿君刳形去皮,洒心去欲,而游于无人之野。南越有邑焉,名为建德之国,其民愚而朴,少私而寡欲,知作而不知藏,与而不求其报,不知义之所适,不知礼之所将,猖狂妄行,乃蹈乎大方,其生可乐,其死可葬。吾愿君去国捐俗,与道相辅而行。"君曰:"彼其道远而险,又有江山,我无舟车,奈何?"市南子曰:"君无形倨,无留居,以为舟车。"君曰:"彼其道幽远而无人,吾谁与为邻?吾无粮,我无食,安得而至焉?"市南子曰:"少君之费,寡君之欲,虽无粮而乃足。君其涉于江而浮于海,望之而不见其崖,愈往而不知其所穷,送君者皆自崖而反,君自此远矣!故有人者累,见有于人者忧。故尧非有人,非见有于人也。吾愿去君之累,除君之忧,而独与道游于大莫之国。方舟而济于河,有虚船来触舟,虽有惼心之人不怒;有一人在其上,则呼张歙之,一呼而不闻,再呼而不闻,于是三呼邪,则必以恶声随之。向也不怒而今也怒,向也虚而今也实,人能虚己以游世,其孰能害之!"

北宫奢为卫灵公赋敛以为钟,为坛乎郭门之外,三月而成上下之县。王子庆忌见而问焉,曰:"子何术之设?"奢曰:"一之间,无敢设也。奢闻之:既雕既琢,复归于朴。侗乎其无识,傥乎其怠疑,萃乎芒乎,其送往而迎来,来者勿禁,往者勿止,从其强梁,随其曲傅,因其自穷。故朝夕赋敛而毫毛不挫,而况有大涂者乎!"

孔子围于陈、蔡之间，七日不火食。大公任往吊之，曰："子几死乎？"曰："然。""子恶死乎？"曰："然。"任曰："予尝言不死之道：东海有鸟焉，其名曰意怠。其为鸟也，翂翂翐翐，而似无能，引援而飞，迫胁而栖，进不敢为前，退不敢为后，食不敢先尝，必取其绪，是故其行列不斥，而外人卒不得害。是以免于患。直木先伐，甘井先竭，子其意者饰知以惊愚，修身以明污，昭昭乎若揭日月而行，故不免也。昔吾闻之大成之人曰：'自伐者无功，功成者堕，名成者亏。'孰能去功与名，而还与众人同？道流而不明居，得行而不名处，纯纯常常，乃比于狂，削迹捐势，不为功名。是故无责于人，人亦无责焉。至人不闻，子何喜哉！"孔子曰："善哉！"辞其交游，去其弟子，逃于大泽。衣裘褐，食杼栗，入兽不乱群，入鸟不乱行。鸟兽不恶，而况人乎！

孔子问子桑雽曰："吾再逐于鲁，伐树于宋，削迹于卫，穷于商、周，围于陈、蔡之间，吾犯此数患，亲交益疏，徒友益散，何与？"子桑雽曰："子独不闻假人之亡与？林回弃千金之璧，负赤子而趋。或曰：'为其布与？赤子之布寡矣。为其累与？赤子之累多矣。弃千金之璧，负赤子而趋，何也？'林回曰：'彼以利合，此以天属也。夫以利合者，迫穷祸患害相弃也；以天属者，迫穷祸患害相收也。'夫相收之与相弃亦远矣！且君子之交淡若水，小人之交甘若醴；君子淡以亲，小人甘以绝；彼无故以合者，则无故以离。"孔子曰："敬闻命矣！"徐行翔佯而归。绝学捐书，弟子无挹于前，其爱益加进。

异日，桑雪又曰："舜之将死，乃命禹曰：'汝戒之哉！形莫若缘，情莫若率。缘则不离，率则不劳。'不离不劳，则不求文以待形；不求文以待形，固不待物。"

庄子衣大布而补之，正廖系履而过魏王。魏王曰："何先生之惫邪？"庄子曰："贫也，非惫也。士有道德不能行，惫也。衣弊履穿，贫也，非惫也，此所谓非遭时也。王独不见夫腾猿乎？其得楠、梓、豫章也，揽蔓其枝而王长其间，虽羿、蓬蒙不能眄睨也。及其得柘、棘、枳、枸之间也，危行侧视，振动悼慄。此筋骨非有加急而不柔也，处势不便，未足以逞其能也。今处昏上乱相之间，而欲无惫，奚可得邪？此比干之见剖心征也夫！"

孔子穷于陈、蔡之间，七日不火食，左据槁木，右击槁枝，而歌焱氏之风。有其具而无其数，有其声而无宫角，木声与人声，犁然有当于人之心。颜回端拱还目而窥之。仲尼恐其广己而造大也，爱己而造哀也，曰："回，无受天损易，无受人益难，无始而非卒也。人与天一也，夫今之歌者其谁乎？"

回曰："敢问无受天损易。"仲尼曰："饥渴寒暑，穷桎不行，天地之行也，运物之泄也，言与之偕逝之谓也，为人臣者不敢去之。执臣之道犹若是，而况乎所以待天乎？"

"何谓无受人益难？"仲尼曰："始用四达，爵禄并至而不穷，物之所利，乃非己也，吾命其在外者也。君子不为盗，贤人不为窃，吾若取之何哉？故曰，鸟莫知于鷾鸸，目之所不宜，处不给视，虽落其实,弃之而走。其畏人也而袭诸人间,社稷存焉尔。"

"何谓无始而非卒?"仲尼曰:"化其万物,而不知其禅之者,焉知其所终,焉知其所始!正而待之而已耳。"

"何谓天与人一邪?"仲尼曰:"有人,天也;有天,亦天也。人之不能有天,性也。圣人晏然体逝而终矣!"

庄周游于雕陵之樊,睹一异鹊自南方来者,翼广七尺,目大运寸,感周之颡而集于栗林。庄周曰:"此何鸟哉?翼殷不逝,目大不睹。"蹇裳躩步,执弹而留之。睹一蝉方得美荫而忘其身,螳螂执翳而搏之,见得而忘其形;异鹊从而利之,见利而忘其真。庄周怵然曰:"噫!物固相累,二类相召也。"捐弹而反走,虞人逐而谇之。

庄周反入,三日不逞。蔺且从而问之:"夫子何为顷间甚不逞乎?"庄周曰:"吾守形而忘身,观于浊水而迷于清渊。且吾闻诸夫子曰:'入其俗,从其令。'今吾游于雕陵而忘吾身。异鹊感吾颡,游于栗林而忘真,栗林虞人以吾为戮,吾所以不逞也。"

阳子之宋,宿于逆旅。逆旅人有妾二人,其一人美,其一人恶,恶者贵而美者贱。阳子问其故,逆旅小子对曰:"其美者自美,吾不知其美也;其恶者自恶,吾不知其恶也。"阳子曰:"弟子记之,行贤而去自贤之行,安往而不爱哉!"

[译解]

庄子在山中行走,看见有极大的树木,枝叶长得很茂盛,可有些砍取木料的工匠都不动手去砍。庄子觉得很奇怪,于是问他们什么缘故。匠人答道:"材料不好,没用。"庄子道:"这棵树因为没用,能够享尽天年!"

庄子从山里出来,到友人家里去。友人见了很高兴,命童仆杀鹅请客。童仆问道:"有一只会叫,一只不会叫。杀哪一只?"主人道:"杀不会叫的。"

第二天,庄子的学生问道:"昨天,山里的树因为没用,能够享尽天年。现在,主人的鹅因为没用却被杀死。请问先生要自己有用呢,还是没用?"庄子笑道:"我将站在'没用'和'有用'的中间。站在'没用'和'有用'的中间,近了,但是还是不对,还是不能免患。若心怀道德而游世,就不用这么烦恼了。既没有荣誉,也没有诽谤,一龙一蛇。变化自在,永不僵化,忽上忽下,以和畅为标准,寄心于未曾有物之先。物物而不物于物,怎么会累呢?这是神农和黄帝的用心。至于万物的变化和人类的传统就不是这样:有会合就有分开,有成功就有毁灭;廉洁就会损伤;尊贵就被议论;有创造就会失败;贤能就被忌恨,没本事又被欺负,哪有什么一定之权呢!唉,可悲啊!学生们,要记住啊,要归向道德啊!"

以上说处世免害,须明大道。

市南宜僚(楚国人,姓熊,名宜僚,因住在市南,所以号称市南宜僚)去见鲁侯,鲁侯面色很难看。市南宜僚问道:"君王面色不怿,是什么原因呢?"鲁侯说:"我学习古代圣贤的治国之道,继承先君的基业,尊重鬼神,敬重贤人。我亲自实行,没有一刻的轻忽。然而还是免不了祸患,我感到很无奈。"市南宜僚道:"君王的除患也太浅了!如,皮毛丰美的狐狸,有文采的豹子,住在山林,藏在洞里,可算性情安静了;夜间外出,白天穴居,可算有警惕性了;虽然时常没有东西吃,非常的饥渴,可是还是远离危险的地方,可算寻求安定了。可是还是不能避免网罗和机关的灾难,它们有什么错呢?就是受了自己的皮毛的害啊!现在,鲁国不是君王的皮毛吗?我希望君王破开'形体',剥去'皮毛',洗净心志,除掉欲望,而游于'无人之地'。南越有一个国,名叫'建德之国',那里的人愚钝朴实,没有私心，没有欲望；只知耕耘，不知收藏；只知周济，不求回报；不知什么是对的，不知什么是礼，随心所欲而合于矩，生时快乐，死后安葬。我希望君王离开国家，放弃百姓，和大道并行。"鲁侯道："到那个地方路途遥远，又有山河阻隔，我无车辆之具，怎样去呢？"市南宜僚道："君王形体不傲，不拘滞于物，没有车辆也能到。"鲁侯道："那个地方深远无人，我和谁做邻居呢？并且我又没有粮食，怎么能到达呢？"市南宜僚道："减少费用，去掉贪欲，没有粮食，也能丰足了。君渡过大河，漂向大海，看不到岸，愈前进，愈不知道去向何处，送你的人在岸边遥望，君从此就远离人间了！所以，用别人就要受累，被人用就有忧患。尧不用人，也不被人用。我希望去除君王的忧患，独与大道游于'无人之地'。譬如，合并两只船渡河，有一只空船撞了上来，虽有性急的人，也不会生气。如果空船上有一个人，船上的人就会大声呼喊。第一声没听见，第二声也没听见，必定会用恶毒的口吻喊第三声。起先不发怒，而现在发怒，就是因为起先船是空的，现在船上有了人。人处世如能虚心，谁能伤害他呢？"

以上说处世要虚心。

北宫奢（卫国的大夫）替卫灵公造钟。在城门外先造了一座祭坛，只用三个月，上下两层的钟架已造好了。王子庆忌（周室的王子，在卫国做官）见了问道："你用什么办法，这么快啊？"北宫奢道："只是纯一无贰，没有什么办法。我听说：既雕既琢,复归于朴,淳真无心,好像什么都不明白,大家人来人往,来的不禁止,走的不挽留。不愿捐的,随他们自便;假意捐款的,也随他们自由。任人民自愿捐助,早晚都在'募款',实际上人民没有损伤,何况用大道化民的人呢!"

以上说专一朴实,用度自足。

孔子被围困在陈、蔡之间,连着七天,没有吃东西。大公任(大公是官职的名称)去吊唁他,说:"你快死了吗?"孔子说:"是。"太公任道:"你害怕死吗?"孔子道:"是的。"太公任道:"我试将'不死之道'讲给你听听:东海有只鸟,名叫意怠。这只鸟飞得很慢,像没有本事。飞行时在鸟群中间,居住时在鸟群正中。前进时不在前面,后退时不在后头。吃东西不敢先尝,只吃鸟群所剩下的。所以,群鸟不排斥它,人也不能伤害它,终于免于祸害。直木先被砍伐,甜井先被抽干。你只是因为卖弄聪明,来惊骇愚众;修身行义,去显明人的污秽;光芒外露,像扛着日月前进,所以不能免患。我曾经听过大成之人的话:'自夸的人不会成功,就算成功,也会丧失;已成的名声也会失掉。'谁能去除功名之心,而与众人相同呢?大道流行,而不显耀;至德广被,而不显扬;纯朴自在,很像疯了。摒弃权势,不求功勋,所以不责备别人,别人也不责备他。至人不喜欢声名,你为什么喜欢呢?"孔子道:"真是圣人啊!"于是辞别亲朋,离开弟子,逃到山林之中,穿裘褐之衣,吃杼栗之食。走入兽群,兽群不乱;走入鸟群,鸟群不惊。鸟兽尚且不嫌恶他,何况人呢?

以上说处世须无心求功名。

孔子问子桑雽:"我在鲁国两次被驱逐,在宋国被赶走(孔子在宋国,和学生们在大树底下演习礼节。宋国的司马叫桓魋的想杀害孔子,乃令人去砍倒大树,孔子乃率领学生离去),在卫国被禁止入境,在商、周没有出路,在陈、蔡间被围困。我接二连三遇到这些困难,亲旧都疏远了,仆从都离开了。这是为什么呢?"子桑雽道:"你没听过假人流亡的故事吗?假国亡了,林回(假国的人民)抛掉千金的玉璧,背着小孩奔跑。有人很困惑:'是为了钱财吗?小孩远不如玉璧价值高。因为有累赘吗?小孩比玉璧重得多了。弃千金之璧背小孩子奔跑,为什么呢?'林回道:'玉璧只是利益,小孩却是天然。'以利相合,遇到穷困和灾祸就互相遗弃;因为天性结合的,遇到穷困和灾祸就互相容纳。遗弃和容纳有很大区别。君子之交淡若水,小人之交甜如蜜。君子之交亲切,小人之交易绝。随便结合的,便很容易离散。"孔子道:"我听到你的教诲了。"乃舒缓自在地走了。停止讲学,摒弃书本,弟子不再恭敬,可是更自深情了。

过了几天,子桑雽又道:"舜要死的时候,劝告禹道:'你要当心啊!形体最好因任,情感最好天真。因任就不会离开正道,天真就不会劳形苦思。'既不离开正道,又不劳形苦思,自不用礼义等虚文来待遇形体。既然不用礼义等虚文来待遇形体,更不用贪求外物了。"

以上说处世交友,不应因利益相聚合。

庄子穿了一件破衣,打着补丁,鞋子用绳子系着,去见魏王。魏王道:"先生怎么这样贫困啊?"庄子道:"这是贫穷,不是贫困。士人有道不能通行天下,这才是贫困,至于衣服鞋子破旧,乃是贫穷,不是贫困。这是生不逢时啊!大王,你看过跳跃的猴子吗?在楠、梓、豫章的大树林里,捉住树枝,逍遥其间,好像称王一样,羿和蓬蒙(都是古来精于射箭的人)都不能伤害它。等到了柘、棘、枳枸的灌木丛中,行动小心翼翼,内心颤动。这不是筋骨被束缚而不灵活,乃是因为所处的地位不便当,不能施展出它的本领。现在我处在昏上乱相的时代,想不贫困,怎么可能呢?比干被挖了心,不就是显证吗?"

以上说处乱世应当安守贫穷。

孔子穷困于陈、蔡之间,七天没有吃饭,左手靠着一根枯木头,右手拿了根枯树枝敲,唱焱氏(古代的帝王)之歌。有敲击的器具,但没有节奏;有歌唱的节奏,但没有音律。木头的声音与人歌唱的声音,听了让人内心放松。颜回听了,恭恭敬敬地向孔子窥探。孔子怕他过度放松,过于忧伤,乃说道:"回,不受天的困厄还算容易,不受人的喜悦就很难了。开始就是终结,人与天是一样的。现在,唱歌的是谁呢?"

颜回道:"请问,'不受天的困厄还算容易'是什么意思?"孔子道:"饥渴寒暑,贫困不行,这是天地之道、万物之行。我们顺着天地万物的变化就行了。做臣子的,不会违背君命,做人臣尚且这样,何况对待天道呢!"

颜回道:"什么叫作'不受人的喜悦难'呢?"孔子道:"譬如一进官场就很亨通,官运不断,这是外在的利益。君子不偷盗,贤人不偷窃。我去做了,这是为什么呢?所以说:鸟没有比燕子更聪明的,觉得不合适,就不再待了,嘴里的食物,就算落下也不在乎。它很害怕人,可是仍旧住在人的屋檐下,只是因为它的巢安在那里。"

颜回道:"什么是'开始就是终结'?"孔子道:"万物变化,而不知其次序。怎么知道怎么终结?如何知道如何开始?听任自然的变化也就行了。"

颜回道:"什么是'人与天是一样的'?"孔子道:"有人,是天之所作;有天,也是天之所作。人不能保全天性,是天性使然啊!只有圣人能体察天道而安享天性。"

以上说处世须安守定分。

庄子到雕陵的果园去玩,看见一只奇异的鹊由南方飞来,翅膀有七尺,眼睛有一寸,碰到庄周的头,停在栗树林。庄子道:"这是什么鸟?翅膀这般大,可是不飞;眼睛这般大,可是不看。"于是掣起衣裳,急速地走过去,拿着弹弓在旁观看。看见一个蝉正得着树荫的遮蔽,忘了自己的身体,螳螂在后面,举起钳子来搏取它,只知道捕蝉,忘了自己;那只异鹊想吃螳螂的肉,忘了自己的本性。庄周见了很惊讶:"唉!物类互相牵累啊！事物互相牵绊啊！"放下弹弓，转头就走。管栗园的以为他是小偷，追在后面骂他。

庄子回来，三天都觉不高兴。蔺且（庄子的学生）问道："先生为什么这些日子都不高兴呢？"庄子道："我贪著外物而忘记了自己；观看浊水，在清渊里迷住了。我曾经听老先生（就是老聃）说过：'到某地去，顺从那里的习俗，遵循那里的法令。'现在我到雕陵游玩，忘了自己；异鹊飞过我的头，我就跟着到了栗树林里，忘了真性；管栗树林的人前来骂我，我于是就不高兴了。"

以上说处世不应当追逐外物。

阳子（就是阳朱）到宋国去，住在旅馆里。旅馆主人有两个小妾，一妾美丽，一妾不美。丑妾备受宠爱，美妾不受待见。阳子问这是何故，旅馆的主人答道："美妾自以为美，我不认为她美；丑妾自以为丑，我不认为她丑啊！"阳子听了，向学生说："学生记着啊！贤能而不自以为贤，到什么地方不受待见呢？"

以上说处世须行为优美，但是自己须忘去"自己的行为是优美的"的念头，不要因此骄傲。

　　王夫之说:"杂篇里面有很多精微玄妙的话。读者若能采取其中的精华,实在可以得到内篇所没阐发的宗旨。"宣颖说:"杂篇并不是对于道有杂乱的话,乃是因为随手写成的,虽然各段自有文法,却不曾加以结撰而成的。所以称作杂篇。"

外物

　　此篇申明第一句"外物不可必"的意思。以为外来的事物利害都没有一定。处世只有明白大道虚心接物，方可以全身免害。王夫之说："此篇末段的文义，起发《寓言》篇的旨意，《寓言》篇末段又和《列御寇》篇首段的意旨相合。"

　　外物不可必，故龙逢诛，比干戮，箕子狂，恶来死，桀、纣亡。人主莫不欲其臣之忠，而忠未必信，故伍员流于江，苌弘死于蜀，藏其血，三年化而为碧。人亲莫不欲其子之孝，而孝未必爱，故孝己忧而曾参悲。木与木相摩则然，金与火相守则流，阴阳错行，则天地大絯，于是乎有雷有霆，水中有火，乃焚大槐，有甚忧两陷而无所逃，螴蜳不得成。心若县于天地之间，慰暋沈屯。利害相摩，生火甚多。众人焚和！月固不胜火，于是乎有僓然而道尽。

　　庄周家贫，故往贷粟于监河侯。监河侯曰：

"诺。我将得邑金,将贷子三百金,可乎?"庄周忿然作色曰:"周昨来,有中道而呼者,周顾视车辙,中有鲋鱼焉。周问之,曰:'鲋鱼来,子何为者邪?'对曰:'我东海之波臣也,君岂有斗升之水而活我哉?'周曰:'诺。我且南游吴、越之王,激西江之水而迎子,可乎?'鲋鱼忿然作色曰:'吾失我常与,我无所处,吾得斗升之水然活耳,君乃言此,曾不如早索我于枯鱼之肆!'"

任公子为大钩巨缁,五十犗以为饵,蹲乎会稽,投竿东海,旦旦而钓,期年不得鱼。已而大鱼食之,牵巨钩,錎没而下,鹜扬而奋鬐,白波若山,海水震荡,声侔鬼神,惮赫千里。任公子得若鱼,离而腊之,自制河以东,苍梧以北,莫不厌若鱼者。已而后世辁才讽说之徒,皆惊而相告也。夫揭竿累,趣灌渎,守鲵鲋,其于得大鱼难矣!饰小说以干县令,其于大达亦远矣!是以未尝闻任氏之风俗,其不可与经于世亦远矣。

儒以诗礼发冢,大儒胪传曰:"东方作矣,事之何若?"小儒曰:"未解裙襦,口中有珠。《诗》

固有之曰:'青青之麦,生于陵陂,生不布施,死何含珠为!'接其鬓,压其顪,而以金椎控其颐,徐别其颊,无伤口中珠。"

老莱子之弟子出薪,遇仲尼,反以告,曰:"有人于彼,修上而趋下,末偻而后耳,视若营四海,不知其谁氏之子?"老莱子曰:"是丘也,召而来。"仲尼至。曰:"丘!去汝躬矜与汝容知,斯为君子矣。"仲尼揖而退,蹙然改容而问曰:"业可得进乎?"老莱子曰:"夫不忍一世之伤而骜万世之患,抑固窭邪?亡其略弗及邪?惠以欢为骜,终身之丑,中民之行进焉耳;相引以名,相结以隐,与其誉尧而非桀,不如两忘而闭其所誉;反无非伤也,动无非邪也,圣人踌躇以兴事,以每成功。奈何哉其载焉,终矜尔!"

宋元君夜半而梦人被发窥阿门,曰:"予自宰路之渊。予为清江使河伯之所,渔者余且得予。"元君觉,使人占之曰:"此神龟也。"君曰:"渔者有余且乎?"左右曰:"有。"君曰:"令余且会朝。"明日,余且朝,君曰:"渔何得?"对曰:"且之网得白龟焉,其圆五尺。"君曰:"献若之龟。"龟至,君再欲杀之,再欲活之,心疑,卜之曰:"杀龟以卜,吉。"乃刳龟,七十二钻而无遗策。仲尼曰:"神龟能见梦于元君,而不能避余且之网;知能七十二钻而无遗策,不能避刳肠之患。如是,则知有所困,神有所不及也。虽有至知,万人谋之,鱼不畏网而畏鹈鹕。去小知而大知明,去善而自善矣。婴儿生无石师而能言,与能言者处也。"

惠子谓庄子曰:"子言无用。"庄子曰:"知无用而始可与言用矣。夫地非不广且大也,人之所用容足耳,然则厕足而垫之致黄泉,人尚有用乎?"惠子曰:"无用。"庄子曰:"然则无用之为用也,亦明矣。"

庄子曰:"人有能游,且得不游乎!人而不能游,且得游乎!夫流遁之志,决绝之行,噫!其非至知厚德之任与?覆坠而不反,火驰而不顾,虽相与为君臣,时也,易世而无以相贱,故曰,至人不留行焉。夫尊古而卑今,学者之流也。且以狶韦氏之流观今之世,夫孰能不波!唯至人乃能游于世而不僻，顺人而不失己，彼教不学，承意不彼。"

"目彻为明，耳彻为聪，鼻彻为颤，口彻为甘，心彻为知，知彻为德。凡道不欲壅，壅则哽，哽而不止则跈，跈则众害生。物之有知者恃息，其不殷，非天之罪。天之穿之，日夜无降，人则顾塞其窦，胞有重阆，心有天游。室无空虚，则妇姑勃溪；心无天游，则六凿相攘。大林丘山之善于人也，亦神者不胜。"

"德溢乎名，名溢乎暴，谋稽乎諯，知出乎争，柴生乎守官，事果乎众宜。春雨日时，草木怒生，铫耨于是乎始修，草木之到植者过半而不知其然。"

静然可以补病，眦搣可以休老，安宁可以止遽。虽然，若是，劳者之务也，佚者之所未尝过而问焉。圣人之所以骇天下，神人未尝过而问焉；贤人所以骇世，圣人未尝过而问焉；君子所以骇国，贤人未尝过而问焉；小人所以合时，君子未尝过而问焉。演门有亲死者，以善毁爵为官师，其党人毁而死者半。尧与许由天下，许由逃之；汤与务光天下，务光怒之。纪他闻之，帅弟子而踆于窾水，诸侯吊之。三年，申徒狄因以踣河。荃者所以在鱼，得鱼而忘荃；蹄者所以在兔，得兔而忘蹄；言者所以在意，得意而忘言，吾安得夫忘言之人而与之言哉！

[译解]

外来的事物，利害没有一定。所以，龙逢被谋杀，比干被割心，箕子装疯卖傻，恶来（纣的坏臣子）被斩杀，桀和纣被灭亡。人君都希望臣子忠心耿耿，可是，臣子忠心，未必被人君信任。所以，伍子胥的尸体在江里漂流（伍子胥尽忠劝止吴王夫差，夫差把伍子胥杀了，用马皮做个口袋，像猫头鹰的样子，将他的尸体装在里面，丢弃在江中）；苌弘在蜀地自杀，蜀人将他的血藏起来，过了三年，变作碧玉。父母都希望儿子孝顺，儿子虽然孝顺，未必被父母喜爱。所以孝己（殷高宗的儿子，对父母极孝，但是后母虐待他，结果忧苦而死）忧苦，曾参（孔子的学生，对父母极孝顺，但是父母不喜欢他，常常打他，几乎被打死，所以他悲伤哭泣）悲伤。木头和木头相摩擦就燃烧，金属和火焰相燃烧就熔化，阴阳之气错乱，天地就会变化。于是雷鸣电闪,雨水中闪电放射,焚烧大槐。有人担心利害很伤感,无所逃避,忧心忡忡而一无所成,心像悬在天地之间,困苦不安,利害之念交织心头,就像生了大火一样。众人把天地间的和气都焚灭了。人心怎胜得过天地间的纷乱呢?于是大道就灭亡了。

以上说外来的事物变化没有一定,若依顺外物,结果必定伤身损性。

庄子家贫,去向监河侯借米。监河侯道:"可以,等我得到采地的税金,给你三百金,好吗?"庄子听了,很不高兴,作色道:"我昨天来,半路上有叫我的,我回头一看,车轮压洼的地方,有条鲋鱼。我问它道:'鲋鱼,你在这做什么呢?'鲋鱼道:'我是东海的水官,你总有一斗的水可以救活我吗?'我道:'好的,我到南方去游说吴、越的王,引西江之水来救你,好吗?'鲋鱼听了,十分愤怒:'我因为离开了水,无处安身,我得到一升一斗的水,就能生存。你这样说,还不如早点到干鱼市场上找我!'"

以上说人对于道和鱼对于水都是一刻都不能离开的,若丧失了再向外面求救,就来不及了。

任公子拿了一个大钩和极长的绳子,用五十匹犍牛做诱饵,蹲在会稽山上,将渔竿扔到东海里。天天在那里钓鱼,一年都没钓到一条。忽然有一条大鱼,将钓饵吞吃下去,将大钩一起牵下海中,翻腾搅动,奋力伸张它的脊背,白色的波浪像山一样,海水震动,声响和鬼神一样,声音震动到千里之外。任公子得到这条鱼,将它破开,制成鱼干,从浙江以东到苍梧(苍梧山在岭南)以北,人们都吃饱了。后世小才微善、道听途说的人,都觉得很惊奇,奔走将故事传说。所以,拿着小渔竿,到水沟旁边去钓鱼,想钓到大鱼是很困难的。粉饰小的学说去求大的声名,离真正通达就很远了。所以,没听过任公子钓鱼的事迹的,其不能经世是很明显的。

以上说小鱼竿不能钓得大鱼,小才不能得着大道。

儒以诗礼发掘坟墓。长辈的儒者说道:"太阳出来了,事情怎么样了?"学生道:"裙子和短袄还没解开,死者的口中还有珠子呢!古诗上说:'青青的麦子,生在土坡上;活着不周济别人,死后还含着珠子干什么?'抓着死者的头发,用指头按着他的胡子!用金槌撞他的下巴,慢慢分开他的嘴,不要伤了嘴中的珠子。"

以上说读书人的行为卑鄙,儒教不足学。

老莱子的弟子出外砍柴,遇见孔子,回来告诉老莱子:"有一个人,上身长,下身短,背脊弯曲,耳朵贴在头的后面,目光远大,像在经营天下。不知道他是谁?"老莱子道:"想必是孔丘。让他来。"孔子既到,老莱子说:"孔丘,去掉你慎重的态度和聪明的外貌,就是君子了。"孔子作揖退下,面色改变,问道:"我的学业可以进步吗?"老莱子道:"不忍一世的伤害,而轻视万世的祸患,是固陋吗,还是智慧不够呢?施恩惠去求众人的欢心,来完成骄傲,乃是很羞耻的事,只有凡庸的人有这种行为,例如用声名互相吸引,用私恩互相结交。与其赞美尧毁骂桀,不如把善恶都忘去,不加赞美,也没有毁骂了。背反于物性,无不伤损,有所妄动,无非滞碍。圣人戒慎恐惧,创兴事业,所以事业容易成功。你为什么总是放不下你的仁义呢?"

以上说处世须去掉好名和自矜的心。

宋元君半夜里梦见一个人披着头发,朝偏门里窥看,道:"我由宰路深水潭来,我是清江的使者,到河伯那里去,被一个名叫余且的渔夫捕获。"元君醒了,令人占卦解梦,回道:"这是一只神龟。"元君道:"有一个名叫余且的渔夫吗?"左右的臣子答道:"有。"元君道:"令余且来朝。"第二天,余且到了朝堂,元君问道:"你这几天捕获到什么吗?"余且道:"我捉到一只白色的龟,身体有五尺长。"元君道:"将你这龟献上来。"龟既献到,元君又想杀它,又想养它,心中疑惑不定。令人卜卦,问宜不宜杀。卦词说:"杀龟用来卜卦,吉利。"于是把龟杀了,用来卜卦,共卜了七十二次,全都灵验。孔子听见此事,说:"神龟能托梦给元君,可不能避免余且的网;能七十二次卜卦全都灵验,可不能避免破肠杀身的祸患。这都因为聪明有蒙蔽,精神有穷尽的缘故。虽然有最聪明的人,有上万人去图谋他,他终抵敌不过了。鱼不怕渔网而怕鹈鹕(吃鱼的水鸟)。这是因为鱼和人一样,都见到小的祸害,却忘记了更大的。所以,人只有去掉小聪明,方能得大智慧;去掉'觉得自己好'的心,才真正好了。婴孩初生,没有师傅教,可很快就会说话,就是因为和会说话的住在一块而已。"

以上说处世须去掉小聪明。

惠子向庄子道:"你的话没有用处。"庄子道:"晓得没有用处,方才真的有用了。譬如,地并不是不广大,可是人所用的,不过一块立足的地方罢了,其余不用的地正多呢!但是若将立足以外的地全部挖掉,看到黄泉,那么这块立足之地,对人还有用吗?"惠子道:"没有。"庄子道:"这样看来,无用有大用啊!"

以上说至德的人处世,以无用来保身。

庄子说:"人如果能游荡,怎么会不游荡呢?人如果不能游,怎么放纵自己呢?有追逐外物的心志,和冷心弃世的行为,唉,这都不是有大智慧和大德行的人所做的啊!天塌了都不回头,火一样地疾驰世间,即使各为君臣,也是一时的角色罢了,换一个时代就不一样了。所以说,至人无滞。尊古卑今,是学者才有的见解,并且以狶韦氏的眼光看今天的人,谁不是有偏颇的呢?只有至人才能够与世俯仰,而不放纵;依顺众人,而不丧失自己。他们的学术我没兴趣,可是也不反对。

"眼睛光亮就叫'明';耳朵灵就叫'聪';鼻子敏感就叫'颤';嘴的感觉灵敏就叫'甘';心里通达就叫'智慧';智慧透彻就叫'道德'。道不可以壅滞,壅滞了就要哽塞,哽塞不止,结果必是行为妄诞,行为妄诞,祸事就升起了。凡物有知觉的，都靠气息；假使不得中和，不是天的过失。天生万物，都有孔窍以通气息，日夜没有止歇。人自己用嗜欲把根窍塞没了。人肚里空虚，所以能容脏胃；脏胃空虚，所以能通气血。心地空虚，方可安容天游。房屋若没有空余，婆媳紧逼在一块，就要争吵；心地若不空虚，六根（视觉、听觉、嗅觉、味觉、触觉和意识）各行其是，就要斫伤天性。心地空虚，心神自然爽适，更不用去寻清空之景来疏散心神；至于看见深山大林就觉得清爽可喜的，都是平日胸中窄小，心神不爽啊！

"德的显露，是因为声名外露；声名外露，是因为标榜所成。急中生智谋，竞争生机智，要守一大道，方可以独立不惧。官设立事，必要众人都合宜，然后才可以施行。春雨应时降落，草木都随着暴长，人们用铲削草木的器具去修剪草木；可是修剪后返生的还是过半，人们莫明其妙，不知其然。"

以上说追逐外物的和冷心弃世的都不能像有道的人那般无往而不自适。

静默可以调补疾病；两手按摩眼角，可使容颜不老；心神安定，可以从容不迫。但是，这不过是劳动的人安静休息的方法，安闲之人用不着做这些。圣人改革天下人的习俗见解，神人不曾过问；贤人改革当世人的习俗见解，圣人不曾过问；君子改革一国人的习俗见解，贤人不曾过问；小人趋时求利，君子也不会过问。宋国的演门（城门名）有一个居民，父母死了，非常的哀伤，面容憔悴，身体瘦得露骨。宋君表扬他的孝行，乃封他做官师(官职名)。他的乡党听闻,逢着自己的父母死了,都拼命地毁伤自己,大半都死了。尧将天下让给许由,许由逃走了;汤将天下让给务光,务光发怒了;纪他听说了,怕汤将天下让给他,乃率领学生,隐在窾水边。诸侯以为他清高,恐怕他投河自杀,常去吊慰他;过了三年,申徒狄仰慕纪他的高名,纪他投河自杀。香草是用来引鱼上钩的,得着鱼,就忘了香草;绊系兔子的胃,是用来捉兔子的,捕获了兔子,连胃都忘却了;言语是传达意思的,领会到意思,言语就用不着了。我哪里去找能忘却语言的人和他谈论呢?

以上说处世能够虚心自全的极少,有感慨的意味。

寓言

王夫之说:"此篇发明'终日虽在说话,却是不曾说话'的意旨,令人不要被形迹所拘泥。和《天下》篇都是全书的序例,以为必须先加详细的解说方可以反归要言不烦。"

寓言十九,重言十七,卮言日出,和以天倪。

寓言十九,藉外论之,亲父不为其子媒,亲父誉之,不若非其父者也,非吾罪也,人之罪也。与己同则应,不与己同则反。同于己为是之,异于己为非之。

重言十七,所以已言也,是为耆艾。年先矣,而无经纬本末以期年耆者,是非先也。人而无以先人,无人道也,人而无人道,是之谓陈人。

卮言日出,和以天倪,因以曼衍,所以穷年。不言则齐,齐与言不齐,言与齐不齐也,故曰无言。言无言。终身言,未尝言;终身不言,未尝不言。有自也而可,有自也而不可。有自也而然,有自也而不然。恶乎然？然于然。恶乎不然？不然于不然。恶乎可？可于可。恶乎不可？不可于不可。物固有所然，物固有所可，无物不然，无物不可，非卮言日出，和以天倪，孰得其久？万物皆种也，以不同形相禅。始卒若环，莫得其伦，是谓天均。天均者，天倪也。

庄子谓惠子曰："孔子行年六十而六十化，始时所是，卒而非之，未知今之所谓是之，非五十九年非也！"惠子曰："孔子勤志服知也。"庄子曰："孔子谢之矣，而其未之尝言。孔子云：'夫受才乎大本，复灵以生，鸣而当律，言而当法，利义陈乎前，而好恶是非直服人之口而已矣，使人乃以心服，而不敢蘁立，定天下之定。'已乎已乎！吾且不得及彼乎！"

曾子再仕而心再化，曰："吾及亲仕，三釜而心乐。后仕三千钟而不洎亲，吾心悲。"弟子问于仲尼曰："若参者，可谓无所县其罪乎？"曰："既已县矣！夫无所县者，可以有哀乎？彼视三釜三千钟，如观鸟雀蚊虻相过乎前也。"

颜成子游谓东郭子綦曰:"自吾闻子之言,一年而野,二年而从,三年而通,四年而物,五年而人来,六年而鬼入,七年而天成,八年而不知死、不知生,九年而大妙。"

生有为,死也,劝公以其死也,有自也,而生阳也,无自也,而果然乎?恶乎其所适?恶乎其所不适?天有历数,地有人据,吾恶乎求之?莫知其所终,若之何其无命也?莫知其所始,若之何其有命也?有以相应也,若之何其无鬼邪?无以相应也,若之何其有鬼邪?

众罔两问于景曰:"若向也俯而今也仰,向也括撮而今也被发,向也坐而今也起,向也行而今也止,何也?"景曰:"搜搜也,奚稍问也?予有而不知其所以,予蜩甲也,蛇蜕也,似之而非也。火与日,吾屯也;阴与夜,吾代也。彼吾所以有待邪?而况乎以无有待者乎?彼来则我与之来,彼往则我与之往,彼强阳则我与之强阳,强阳者,又何以有问乎?"

阳子居南之沛,老聃西游于秦,邀于郊,至于梁而遇老子。老子中道仰天而叹曰:"始以汝为可教,今不可也。"阳子居不答。至舍,进盥漱巾栉,脱屦户外,膝行而前曰:"向者弟子欲请夫子,夫子行不闲,是以不敢。今闲矣,请问其过!"老子曰:"而睢睢盱盱,而谁与居!大白若辱,盛德若不足。"阳子居蹴然变容曰:"敬闻命矣。"其往也,舍者迎将,其家公执席,妻执巾栉,舍者避席,炀者避灶;其反也,舍者与之争席矣。

[译解]

  寓言是十分之九的可信,重言是十分之七的可信。卮言天天讲,能够合天际。

  寓言是十分之九的可信,乃是借别人的话来说。譬如做父亲的,不替自己的儿子做媒;称赞自己的儿子,总不如别人称赞的可信。如果说错了话,这是他人的错,与我无关。世人的常情都是这样:与自己的意思相同的就应和,不和自己的意思相同的就加以反对;和自己意思相同的,就以为那是对的,不和自己的意思相同的,就以为是不对的。既然这样,只能用别人的话了。

  重言是十分之七的可信,乃是用来制止争论的。必须是前辈有道的人,才是重言。若只是年高,胸中毫无见解,就不是重言了,人若说不出重言,就没有人道;人若没有人道,就是陈旧的人。

卮言天天讲,能够合天际,散漫放纵,游荡终身。不发言论,物理自然齐一;本来齐一的理,就是因为有了物论,才不齐了;"卮言"又使这些"不齐"返归于齐。所以,言不如不言,那么虽然终身在说话,却没有一句话真的说了什么;虽然终身不说话,却把能说的都说完了。所以有可以,有不可以,有对,有不对。为什么对?有人以为对,大家都称是对。为什么不对?有人以为不对,大家都称不对。为什么可以?有人以为可以,大家都认为可以。为什么不可以?有人以为不可以,大家就都认为不可以了。论万物的初始,固然有对,有不对,有可以,有不可以;所以,没有物不对,没有物不可以。如果不是卮言天天讲,能够合天际,什么能够长久呢?万物都有种类,以自己的形状传至后代,终始循环,像环子一般,没有头绪。这就是天均,天均就是天际。

以上是庄子著书立言的总例。

庄子向惠子道:"孔子六十年中,多次改善自己的品行。起初以为对的,结果又以为不对。不知道现在以为对的,不就是五十九岁时以为不对的哩。"惠子道:"孔子勤劳他的心志,力求多知啊!"庄子道:"孔子已不仅是勤求多知了,只是他从不向人说起。他说:'人受美的才质于天,生时含有灵性。声音合于音律,言语合乎法度,义利当前,好恶是非,不过屈服别人的口罢了。使别人心服,不敢迕逆,定天下的法则。'算了吧,算了吧,我比不上孔子呢!"

以上说:恃才去屈服众人的口,不如用德感服众人的心。

曾子再次做官时,心境和上次做官时不同。他说:"我双亲在时做官,所得的俸禄只有三釜米,心里觉得很快乐;后来做官,所得的俸禄是三千钟米(一钟等于六斛四斗)。那时双亲去世,虽然有厚禄,不及侍奉,心里悲伤。"孔子的学生听了,去问孔子道:"像曾参这样,可算得没有'心悬俸禄'的罪了吧?"孔子道:"他的心已经悬在'俸禄养亲'上了。孝子侍奉父母,只求顺适,不在意禄的厚薄。心若不悬着禄,哪里会感到悲哀呢?他们看三釜和三千钟,就像看蚊虫在面前飞过一样。"

以上说穷困和通达齐一不二。

颜成子游对东郭子綦说:"自从我听你讲道,一年之后,返于朴实;二年之后,和世俗相顺;三年之后,通达不受拘束;四年之后,和万物混同为一;五年之后,众人都来依归;六年之后,和神灵感通;七年之后,合于自然;八年之后,不觉有死生的变化;九年之后,达到道的极点了。"

人生有作为,就要伤生而死,所以劝人的话曾说:"死是由于有作为,至于生,乃是阳气,没有来由。"但你果能没有作为吗?生和死,谁是快意?谁是不快意呢?天有一定的气数,地有因人而分的界限。我从何处去求分外之事呢？时来运去，不可推测，怎么能说没有命呢？生死循环不已，没有头绪可寻，又怎么能说有命呢？理互相感应，像有神灵从中主宰，怎么能说没有鬼神呢？但互相感应有时也不感应，又好像没有神灵主宰，怎么能说有鬼神呢？

以上说死生通达无别。

影子的影子问影子道："刚才你低着头，现在你仰起头；方才你束拢着头发，现在你将头发披散开来；方才你坐着，现在你立起；方才你行走，现在你又止住。这是什么缘故呢？"影子道："我的行动是这般无心自主。你们为何要这样粗率地问我呢？我虽然有影子，却莫明其所以然。我也像蝉的壳和蛇的皮一般，行动都须依赖别物。但蝉壳和蛇皮尚有固定的形状，我却没有一定的形状，和它们似乎相像，其实不同啊！火光和日光使我聚集，更为明显；阴暗和深夜使我散灭，得以休息。我的行动须依随有形体的物吗？何况我所依随的形体又须依随天机而动哩！有形体的物来了，我就随它们来；去了，我就随它们去；盘桓不定，我就随它们盘桓不定。虽盘桓不定，却随天机而动，又哪里能问我的行动呢？"

以上说：忘去形骸，随天机自然地变化。

阳子居将南下到沛，老子适巧西行到秦，阳子居乃约老子在沛的郊外相见。行到梁，遇到老子，二人乃一齐前进。走到半路上，老子仰起头来，向着天叹息道："起初我以为你可以受教诲,现在才知道,你不可以啊!"阳子居听了,不马上回答。到了旅舍里,他将洗脸漱口的器具、面巾和梳篦等送去给老子,把鞋子脱在门外,在席上跪着,走到老子面前,道:"刚才学生想请问先生,先生正在行走,没有空。现在,先生有空了,请问,学生的过失是什么?"老子道:"你目空一切,态度骄傲,人见你都害怕,对你疏远,谁还愿同你来往呢?真清白的人,不自以为清白,反觉得蒙有污点;有盛德的人,不自以为德高,反觉得德不盈满。"阳子居听了,面色改变,道:"我恭听教诲了。"阳子居来时,旅舍里的客人迎送他,旅舍的主人替他安席,女主人替他拿面巾和梳篦,先坐在席上的客人见他来了,都避开,烧饭的见他来了,都不敢站在灶边。等他回旅舍时,旅舍里的客人对他都亲热起来,不拘形迹,随便地与他争席位了。

　　以上说除去自矜的心。

说剑

归有光说:"此篇用击剑的小道来证明治天下的大道,含有讽谏的意味。"

昔赵文王喜剑,剑士夹门而客三千余人,日夜相击于前,死伤者岁百余人。好之不厌,如是三年,国衰,诸侯谋之。太子悝患之,募左右曰:"孰能说王之意,止剑士者,赐之千金。"左右曰:"庄子当能。"

太子乃使人以千金奉庄子,庄子弗受,与使者俱往见太子曰:"太子何以教周,赐周千金?"太子曰:"闻夫子明圣,谨奉千金以币从者。夫子弗受,悝尚何敢言!"庄子曰:"闻太子所欲用周者,欲绝王之喜好也。使臣上说大王而逆王意,下不当太子,则身刑而死,周尚安所事金乎!使臣上说大王,下当太子,赵国何求而不得也!"太子曰:"然,吾王所见,唯剑士也。"庄子曰:"诺。周善为剑。"太子曰:"然吾王所见剑士,皆蓬头突鬓垂冠,曼胡之缨,短后之衣,瞋目而语难,王乃说之。今夫子必儒服而见王,事必大逆。"庄子曰:"请治剑服。"

治剑服三日,乃见太子,太子乃与见王,王脱白刃待之。庄子入殿门不趋,见王不拜。王曰:"子欲何以教寡人,使太子先?"曰:"臣闻大王喜剑,故以剑见王。"王曰:"子之剑,何能禁制?"曰:"臣之剑,十步一人,千里不留行。"王大悦之曰:"天下无敌矣!"庄子曰:"夫为剑者,示之以虚,开之以利,后之以发,先之以至。愿得试之。"王曰:"夫子休,就舍待命。令设戏请夫子。"

王乃校剑士七日,死伤者六十余人,得五六人,使奉剑于殿下,乃召庄子。王曰:"今日试使士敦剑。"庄子曰:"望之久矣!"王曰:"夫子所御杖,长短何如?"曰:"臣之所奉皆可。然臣有三剑,唯王所用。请先言而后试。"王曰:"愿闻三剑!"曰:"有天子之剑,有诸侯之剑,有庶人之剑。"王曰:"天子之剑何如?"曰:"天子之剑,以燕豀、石城为锋,齐、岱为锷,晋、魏为脊,周、宋为镡，韩、魏为夹；包以四夷，裹以四时，绕以渤海，带以常山，制以五行，论以刑德，开以阴阳，持以春夏，行以秋冬。此剑直之无前，举之无上，案之无下，运之无旁，上决浮云，下绝地纪。此剑一用，匡诸侯，天下服矣！此天子之剑也。"

文王芒然自失曰："诸侯之剑何如？"曰："诸侯之剑，以知勇士为锋，以清廉士为锷，以贤良士为脊，以忠圣士为镡，以豪杰士为夹。此剑直之亦无前，举之亦无上，案之亦无下，运之亦无旁。上法圆天，以顺三光；下法方地，以顺四时；中和民意，以安四乡。此剑一用，如雷霆之震也，四封之内，无不宾服，而听从君命者矣。此诸侯之剑也。"

王曰："庶人之剑何如？"曰："庶人之剑，蓬头突鬓垂冠，曼胡之缨，短后之衣，瞋目而语难，相击于前，上斩颈领，下决肝肺。此庶人之剑，无异于斗鸡，一旦命已绝矣，无所用于国事。今大王有天子之位，而好庶人之剑，臣窃为大王薄之。"

王乃牵而上殿，宰人上食，王三环之。庄子曰："大王安坐定气，剑事已毕奏矣。"

> 于是文王不出宫三月,剑士皆服毙其处也。

[译解]

　　当初,赵文王(赵国的国君)喜欢剑术,于是许多精于击剑的人都来到赵国。一时,赵王的宫廷里住的尽是剑客——共有三千多人。这些剑客日夜不息地比剑,每年死伤的不止百人,可是赵王仍旧喜欢,一点都不感觉厌弃。这样持续了三年,赵国衰弱了,别国的国君阴谋侵略赵国。赵国的太子见此情形,很觉忧虑,乃命左右的侍者出去,悬赏千金,招一个人劝止赵王。左右的侍者说:"庄子一定能够做到。"

　　太子乃命人送了一千金给庄子,庄子不肯接受,跟使者一起来见太子,向太子道:"太子赐我千金,有何差遣?"太子道:"闻听得先生道德过人,所以送上千金,赠与先生的佣人罢了。先生不肯接受,那我还敢谈其他吗?"庄子道:"我听说太子想令我去劝止大王,不要再这般喜欢剑术,是吗?我去劝大王,拂逆了大王的意思,不称太子的使命,那我应当受刑处死,哪里还敢求千金的赏赐?我果然能使王听从我的劝导,不废太子的使命,赵国什么东西都有,又何用这区区千金呢?"太子道:"可是大王所见的,全是剑客。"庄子道:"行,我剑术很精的。"太子道:"但大王剑客,头戴着盔胄,上面有毛,像蓬着头;比斗时,盔胄下垂,两面的毛像鬓发突出;冠上的缨毛,粗而蓬乱,衣服的后面高掣;讲起话来直瞪着眼睛,连说话的语气都不流利。要像这样,大王方才高兴。现在,先生穿了文人的衣服去见大王,对于此事的进行,有些不便呢!"庄子道:"那么,请替我做一身剑客的服装吧。"于是,太子替庄子做了身剑客的服装。

过了三天,庄子再去见太子,太子便同他一起见赵王,赵王持着把明晃晃的剑,来迎接庄子。庄子缓缓地走进殿门,见了赵王,不下拜。赵王说:"你让太子替你介绍,现在有什么可以见教的呢?"庄子道:"臣听说,大王喜欢剑术,现在很想贡献给大王一点。"赵王道:"你的剑术,怎样制伏你的敌人?"庄子道:"我使起剑,一千里路直行,十步杀一人,没人能拦住我。"赵王听了,大喜,道:"天下无敌啊!"庄子道:"击剑的,故意拿自己的弱点给敌人看,对方占了优势,反而上了当。击剑要神速,剑比敌人后出,却先达到。我很愿意将我的剑术,在大王跟前试试。"赵王说:"先生请先回去休息,我要先开一个比剑大会,再来相请。"

赵王于是开始挑选剑士,比了三天,死伤六十多人,选出五六个最优秀的,令他们都捧了剑,立在殿下,召庄子来。庄子来了,赵王说:"今天比剑好吗?"庄子道:"很好,我也想望了很久了。"赵王说:"先生要用多长的剑?"庄子道:"我用的剑,长短随意。我有三种不同的剑,供大王选择。我得了大王的命令,再来比剑。"赵王说:"是哪三种剑呢?"庄子说:"天子之剑、诸侯之剑、平民之剑。"赵王说:"天子之剑是什么样子?"庄子道:"天子之剑用燕豁(地名)石城(山名)做尖锋,齐国和岱山做棱角,晋国和魏国做脊背,周地和宋国做剑环,韩国和魏国做剑柄,用四夷和四时做剑鞘,用渤海和常山做带穗,用五行生克之道掌制,用赏罚刚柔之术转动,用阴阳虚实之理开避,用春夏温和之气持剑,用秋冬严肃之气施行。天子之剑使用起来,直前无人能挡,高挥无人能逃,低搠无人能避,舞起来无人能近身。上劈断天上的浮云,下斩绝地下的根基。此剑一用,正诸侯,统服天下,这便是天子之剑。"

文王听了这席话,若有所悟,随后说道:"诸侯之剑又是什么样子?"庄子道:"诸侯之剑,用聪明勇敢的人做尖锋,清直廉洁的人做棱角,忠信善良的人做剑环,智力过人的人做剑柄。诸侯之剑,直前亦无人能抵,高挥亦无人能御,低搠亦无人能避,舞动起来,亦无人能够近身。上以天为法,顺日月星之次序;下以地为法,顺春夏秋冬四时之理;中合人民之意志,安抚四方。诸侯之剑一用,雷霆震动一般,四境之内,莫不臣服,听从君主的命令。这便是诸侯之剑。"

赵王又问道:"平民之剑又是什么样子呢?"庄子道:"平民之剑,舞时头戴盔盾,上面的毛像蓬头似的。斗时盔盾下垂,两面的毛像鬓发似的。冠上蓬乱着粗的缨毛,衣服高掣在后。直瞪着眼,讲不流利的话。击剑时,上斩敌人的颈项,下刺敌人的肝腑。平民之剑同斗鸡无甚分别,一天之内,送了性命,对于国事,毫无利益。大王身为天子,反而喜欢平民之剑,替大王设想,很觉得不值!"

赵王听完庄子的话,亲自把庄子牵上了殿。管御膳的设宴上席。赵王觉得很惭愧,围着筵席走了三圈,不能坐下。庄子道:"大王请坐,定一定气。我的剑术,已全部讲完了。"

于是赵王不再讲剑术,连着三个月不出宫。那些剑客见赵王不再以礼见待,全自杀了。

渔父

归有光说:"此篇大旨说:不应当求分外的事务;只保守自己的真性,大道就可以存在了。"

孔子游乎缁帷之林,休坐乎杏坛之上,弟子读书,孔子弦歌鼓琴。奏曲未半,有渔父者下船而来,须眉交白,被发揄袂,行原以上,距陆而止。左手据膝,右手持颐以听。曲终而招子贡、子路二人俱对。客指孔子曰:"彼何为者也?"子路对曰:"鲁之君子也。"客问其族。子路对曰:"族孔氏。"客曰:"孔氏者,何治也?"子路未应,子贡对曰:"孔氏者,性服忠信,身行仁义,饰礼乐,选人伦,上以忠于世主,下以化于齐民,将以利天下,此孔氏之所治也。"又问曰:"有土之君与?"子贡曰:"非也。""侯王之佐与?"子贡曰:"非也。"客乃笑而还,行言曰:"仁则仁矣,恐不免其身。苦心劳形,以危其真,呜乎!远哉,其分于道也。"

子贡还,报孔子。孔子推琴而起曰:"其圣人与?"乃下求之,至于泽畔,方将杖拏而引其船。顾见孔子,还乡而立。孔子反走,再拜而进。客曰:"子将何求?"孔子曰:"曩者,先生有绪言而去,丘不肖,未知所谓。窃待于下风,幸闻咳唾之音,以卒相丘也。"客曰:"嘻!甚矣,子之好学也!"孔子再拜而起曰:"丘少而修学,以至于今,六十九岁矣,无所得闻至教,敢不虚心!"客曰:"同类相从,同声相应,固天之理也。吾请释吾之所有,而经子之所以:子之所以者,人事也。天子、诸侯、大夫、庶人,此四者自正,治之美也;四者离位,而乱莫大焉。官治其职,人忧其事,乃无所陵。故田荒室露,衣食不足,征赋不属,妻妾不和,长少无序,庶人之忧也;能不胜任,官事不治,行不清白,群下荒怠,功美不有,爵禄不持,大夫之忧也;廷无忠臣,国家昏乱,工技不巧,贡职不美,春秋后伦,不顺天子,诸侯之忧也;阴阳不和,寒暑不时,以伤庶物,诸侯暴乱,擅相攘伐,以残民人,礼乐不节,财用穷匮,人伦不饬,百姓淫乱,天下有司之忧也。今子既上无君侯有司之势,而下无大臣职事之官,而擅饰礼乐、选人伦以化齐民,不泰多事乎?且人有八疵,事有四患,不可不察也。非其事而事之,谓之摠;莫之顾而进之,谓之佞;希意道言,谓之谄;不择是非而言,谓之谀;好言人之恶,谓之谗;析交离亲,谓之贼;称誉诈伪,以败恶人,谓之慝;不择善否,两容颊适,偷拔其所欲,谓之险。此八疵者,外以乱人,内以伤身,君子不友,明君不臣。所谓四患者:好经大事,变更易常,以挂功名,谓之叨;专知擅事,侵人自用,谓之贪;见过不更,闻谏愈甚,谓之很;人同于己则可,不同于己,虽善不善,谓之矜。此四患也。能去八疵,无行四患,而始可教已。"

孔子愀然而叹,再拜而起曰:"丘再逐于鲁,削迹于卫,伐树于宋,围于陈、蔡,丘不知所失,而离此四谤者,何也?"客凄然变容曰:"甚矣,子之难悟也!人有畏影恶迹而去之走者,举足愈数而迹愈多,走愈疾而影不离身,自以为尚迟,疾走不休,绝力而死。不知处阴以休影,处静以息迹,愚亦甚矣!子审仁义之间,察同异之际,观动静之变,适受与之度,理好恶之情,和喜怒之节,而几于不免矣。谨修而身,慎守其真,还以物与人,则无所累矣。今不修之身而求之人,不亦外乎!"孔子愀然曰:"请问何谓真?"客曰:"真者,精诚之至也。不精不诚,不能动人。故强哭者虽悲不哀,强怒者虽严不威,强亲者虽笑不和。真悲无声而哀,真怒未发而威,真亲未笑而和。真在内者,神动于外,是所以贵真也。其用于人理也,事亲则慈孝,事君则忠贞,饮酒则欢乐,处丧则悲哀。忠贞以功为主,饮酒以乐为主,处丧以哀为主,事亲以适为主。功成之美,无一其迹矣。事亲以适,不论所以矣。饮酒以乐,不选其具矣,处丧以哀,无问其礼矣。礼者,世俗之所为也;真者,所以受于天也,自然不可易也。故圣人法天贵真,不拘于俗;愚者反此,不能法天而恤于人,不知贵真,禄禄而受变于俗,故不足。惜哉!子之蚤湛于人伪,而晚闻大道也。"孔子又再拜而起曰:"今者丘得遇也,若天幸然。先生不羞而比之服役,而身教之,敢问舍所在,请因受业,而卒学大道。"客曰:"吾闻之,可与往者与之。至于妙道,不可与往者,不知其道,慎勿与之,身乃无咎。子勉之,吾去子矣,吾去子矣。"乃刺船而去,延缘苇间。

颜渊还车,子路授绥,孔子不顾,待水波定,不闻拏音,而后敢乘。子路旁车而问曰:"由得为役久矣,未尝见夫子遇人如此其威也!万乘之主,千乘之君,见夫子未尝不分庭伉礼,夫子犹有倨傲之容。今渔者杖拏逆立,而夫子曲要磬折,言拜而应,得无太甚乎!门人皆怪夫子矣,渔人何以得此乎?"孔子伏轼而叹曰:"甚矣,由之难化也!湛于礼义有间矣,而朴鄙之心至今未去!进,吾语汝!夫遇长不敬,失礼也;见贤不尊,不仁也。彼非至人,不能下人;下人不精,不得其真,故长伤身。惜哉,不仁之于人也,祸莫大焉,而由独擅之!且道者,万物之所由也,庶物失之者死,得之者生;为事逆之则败,顺之则成。故道之所在,圣人尊之。今渔父之于道,可谓有矣,吾敢不敬乎!"

[译解]

　　孔子到缁林去游玩,坐在杏坛上面休息,学生们在旁边读书,孔子弹着琴唱歌。歌曲未奏到一半,有一个渔父下船走来。胡须和眉毛全白了,披散着头发,两手垂在衣服里,朝着平原走来,到了高地止住,蹲下来,左手撑膝,右手托腮,听完了整首曲子,用手招子贡和子路过去。两人走到,渔父指着孔子问道:"他是做什么的?"子路道:"他是鲁国的一位君子。"渔父道:"他姓什么?"子路道:"他姓孔。"渔父道:"姓孔的学什么,做什么行业?"子路还未及回答,子贡答道:"孔氏性服忠信,行仁义,修饰礼乐制度,选择人才,上能尽忠事君,下能感化万民,使天下都受其利,这便是他的行业。"渔父问道:"他是有土地的君主吗?"子贡道:"不是。"又问道:"那么,他是辅助王侯的大臣吗?"子贡道:"也不是。"渔父听了,笑了一笑,转身离开,说道:"仁爱是仁爱啊,恐怕不能保全自己,劳苦心神和形体,自己的真性却被毁坏!可叹啊可叹!离开大道,真是太远了!"

　　子贡回来,将这些话报告了孔子。孔子听了,立刻推开琴,站起来,道:"他也许是圣人啊!"于是下了杏坛,四处寻去,走到水边,看见渔父正用杖引曳他的船,看见孔子来了,便转身站立。孔子朝后退走,再三礼拜后,走上前去。渔父道:"你想做什么?"孔子道:"适才,先生话未曾说完就走了。我愚笨,不了解先生的意旨,所以在下面等待着,侥幸能让先生再教诲我几句,就能够弥补我的不及了。"渔父道:"唉,你太好学了!"孔子再三礼拜,站起来道:"我年幼时就求学问,直到现在,六十九岁了,无从听到有至理的教诲,怎么能不虚心呢?"渔父道:"大凡物类相同的,就随聚在一起;声音相同的,就互相应和,这是天然的道理。现在我用我晓得的道理,来分析你的行事。你所行的是人事。天子、诸侯、大夫和平民,这四等人若各守自己的位分,尽自己的责任,那是最好不过的了;但这四等人若不守自己的位分,荒废自己的责任,那天下就要大乱。必定要官吏都治理自己的职务,人民都尽心自己的事业,方能免于大乱。田地荒芜,室屋破坏,衣食不足,赋税无力供给,妻妾不和睦,长幼不分次序,这是平民的忧患;才能不能尽职,公事不能治理,行为不清白,属下的职务荒废怠惰,自己对于国家没有功勋,对于人民没有名声,不能保住官爵俸禄,是大夫的忧患;朝廷里无忠臣,国家昏乱,工艺落后,对天子的进贡不精美,春秋二季的朝拜失了次序,不顺天子的命令,这是诸侯的忧患;阴阳二气不和,天气冷热不时,万物被其灾,诸侯昏乱暴虐,擅相攻伐,残害人民,礼乐不合节度,财用渐趋匮绝,人伦没落,百姓淫荡昏乱,这是天子和大臣的忧患。现在,你上没有天子诸侯的权势,下没有大臣官吏的官职,擅自修正礼乐,选定人伦,欲感化万民,不是太多事了吗?并且,人有八种毛病,事有四种忧患,不可以不考察。做不是自己分内的事,叫作'捴';无人理会,却勉强说人好话,叫作'佞';曲顺别人的意旨,去套别人的话,叫作'谄';不问是非,只附和着别人说话,叫作'谀';喜欢说别人的坏处,叫作'谗';和朋友绝交,和亲族分离,叫作'贼';称誉奸诈的人,败坏自己嫌恨的人,叫作'慝';不顾善和恶,一起容受,容貌显得很安适,曲折地引出别人的欲念,叫作'险'。这八种毛病,外面扰乱别人,内里损伤自己,君子不和他交友,明君不用他做臣。什么叫作四种忧患呢?喜欢经济大事,改变寻常的节度,以图功名,这叫作'叨';自作聪明,擅自行事,侵犯别人,只用自己的主意,这叫作'贪';看出有过,不加更改,听见别人谏劝,为恶更甚,这叫作'很';别人和我同类,我就说他是对的,和我不同类,虽然好,也说不好,这叫作'矜'。这就是四种忧患。能够免去八种毛病,不做四种忧患之事,方才可受教诲。"

　　孔子听了,面色改变,叹息不已,再三礼拜后,才站起来道:"我两次被驱逐出鲁国,绝迹于卫国,在宋国被赶走(详细的解说见《山木》篇),在陈、蔡之间被围困。我不知道我有什么过错,会遭这四件毁辱。"渔父听了,忧虑地变了色,道:"你真难解悟!有一个人怕自己的影子,厌恨自己的足迹,因而逃走。脚步走得越勤,脚印越多;走得越快,影子越不离开。以为是走得慢,于是快走不停,结果气力使尽,死了。他就不知停在阴暗的地方,使影子散灭,安静不动,让脚印无从显露,也太愚蠢了。你审察仁义之间,分辨同异之际,观察动静的变化,使收受和给予都合乎法度,调理好恶的情感,调和喜怒的节度,这些几乎让你不免祸啊!你应当谨慎修身,保守真性,顺着事物的自然应接外物,不参自己的意见,就没有患累了。现在你不修己身,反责别人,不是太外在了吗?"孔子听了,变了色道:"请问,什么叫作真性?"渔父道:"真性就是精诚的极点,不精不诚,不能动人。所以勉强哭的,虽然表面悲痛,实际并不哀伤;勉强怒的,虽然表面严厉,实际并不威风;勉强亲爱的,虽然表面欢笑,实际并没有和悦之气。真悲痛的,不哭出声,已极哀伤;真动怒的,未表示怒色,已显出威严;真亲爱的,虽不笑,却内含和悦之气。内里有真性,精神表现于外,故真性可贵。若将真性用于人伦,侍奉双亲就孝,侍候君主就忠,饮酒就欢乐,居丧就悲哀。忠节以功名为要,饮酒以欢乐为要,居丧以悲哀为要,侍奉双亲,则以顺适其意为要。可以成功的好处很多,不必拘泥于事迹。侍奉双亲,不论境遇如何,都可以适意;饮酒不论酒菜如何,都可以欢乐;居丧不论礼节如何,都能够悲哀。礼节是世俗所创制的,至于真性,乃是受之于天,自然不会改变。圣人以天为法,以真性为贵,不为世俗所拘。愚人正相反:不以天为法则,只忧虑不能与世俗相合;不知真性之可贵,随着世俗的变化,所以不能成功。真可惜啊!你受世俗熏染太早,闻听大道太迟了!"孔子又再三礼拜,站立起来道:"现在我能遇到先生,像是天缘的会合。先生居然不把我当仆役看待,亲自教诲我,请问先生住在何处,让我做您的学生,学完大道。"渔父道:"我听说:可以使他由迷惑而觉悟的，方可以和他同求妙道；不可以使他由迷惑而觉悟的，这种人不可能知道。不要和这种人交往，自己方可以免除灾祸。你自己努力吧，我要走了！我要走了！"于是撑开了船，朝芦苇中行去。

　　颜渊将车子倒转，子路将引车的绳子交给孔子，孔子都不理会，直待船去远了，水面的波纹定了，听不见摇船的声音，方才上车。子路在车旁问道："我侍候先生，为时很长久了，从未见先生对人这般恭敬。虽是天子诸侯，见了先生，用平等的大礼相待，先生仍有骄傲的态度。现在，渔父拿着拐杖，没有礼貌地立着，可先生弯腰鞠躬，听他讲话，必先礼拜，然后回答，不太过分了吗？学生们都觉得很奇怪，渔父如何能受这般礼遇呢？"孔子听了，伏在车前的扶手板上，叹息道："你真是不容易感化啊！被礼义熏染得很长久了，粗俗鄙陋之心现在尚不曾除去。走过来，我告诉你：凡是对于年长的不恭敬，就失了礼节；看见贤人不尊重，就没有仁心。他若不是有至德，就不能使别人对他那般恭敬；我若不对他这般恭敬，就不能听他的真实教诲。这样，我就会长久地伤害自身。可惜啊，不仁对于人，祸害没有再大的了，而你偏偏这样。并且，道是万物的本原，万物失去道就要死，得到道就能生。做事违逆了道就要失败，依顺着道就能成功。道所在的地方，圣人都加尊重。现在这渔父，是有道之人啊！我怎么敢不尊敬他呢！"

天下

马骕说:"这篇是庄子的自序。庄子其余诸篇多有寓言,这篇里面全是庄正的话。"姚鼐说:"这篇是庄子的后序。全篇的大意以为:道的根本、支流、精微和粗略都是一贯的。世上求学的只得了一些粗略的和支流,若得着大道的本源,那所有的粗略的和皮毛都被包括在内了。盖著述家不同的学术极多,如刑名家、法术家、纵横家等,用不着讨论,都知道他们只得了道的一点'皮毛'。至于墨子、宋钘、彭蒙等人,形迹上近于得道,所以此篇内有详细的讨论,证明他们不曾得道。像关尹和老聃,他们的道像似和庄子相合了,可是又有些不同。关尹和老聃不过不离道的真实,可称作'真人',可是还不曾达到道的极点。至于庄子独自和天地的精神混合,超出万物以外,乃是不离开道的宗主,可称为'天人'了。措辞是这般的不谦虚。末了,又恐怕他的书过于新奇,被人认为是辩论家一流,所以论到惠施,以为他只会辩驳,全不明道,至于庄子的道充实,和辩论家绝对不同。希望读者不要因为他的辞句奇怪,而失了他的意旨。"

天下之治方术者多矣,皆以其有为不可加矣。古之所谓道术者,果恶乎在?曰:无乎不在。曰:神何由降,明何由出?圣有所生,王有所成,皆原于一。

不离于宗,谓之天人;不离于精,谓之神人;不离于真,谓之至人;以天为宗,以德为本,以道为门,兆于变化,谓之圣人;以仁为恩,以义为理,以礼为行,以乐为和,薰然慈仁,谓之君子;以法为分,以名为表,以参为验,以稽为决,其数一二三四是也,百官以此相齿;以事为常,以衣食为主,蕃息畜藏,老弱孤寡为意,皆有以养,民之理也。

古之人其备乎!配神明,醇天地,育万物,和天下,泽及百姓,明于本数,系于末度。六通四辟,小大精粗,其运无乎不在,其明而在数度者,旧法世传之史，尚多有之。其在于《诗》《书》《礼》《乐》者，邹鲁之士、搢绅先生多能明之。《诗》以道志，《书》以道事，《礼》以道行，《乐》以道和，《易》以道阴阳，《春秋》以道名分，其数散于天下而设于中国者，百家之学，时或称而道之。

天下大乱，贤圣不明，道德不一，天下多得一察焉以自好，譬如耳目鼻口皆有所明，不能相通，犹百家众技也，皆有所长，时有所用。虽然，不该不遍，一曲之士也，判天地之美，析万物之理，察古人之全，寡能备于天地之美，称神明之容。是故内圣外王之道，暗而不明，郁而不发，天下之人各为其所欲焉，以自为方，悲夫！百家往而不反，必不合矣！后世之学者，不幸不见天地之纯，古人之大体，道术将为天下裂。

不侈于后世，不靡于万物，不晖于数度，以绳墨自矫而备世之急，古之道术有在于是者，墨翟、禽滑厘闻其风而说之。为之大过，已之大循，作为《非乐》，命之曰《节用》。生不歌，死无服，墨子泛爱兼利而非斗，其道不怒，又好学而博不异，不与先王同，毁古之礼乐。黄帝有《咸池》，尧有《大章》，舜有《大韶》，禹有《大夏》，汤有《大濩》，文王有辟雍之乐，武王、周公作《武》。古之丧礼，贵贱有仪，上下有等。天子棺椁七重，诸侯五重，大夫三重，士再重。今墨子独生不歌，死不服，桐棺三寸而无椁，以为法式。以此教人，恐不爱人，以此自行，固不爱己，未败墨子道。虽然，歌而非歌，哭而非哭，乐而非乐，是果类乎？其生也勤，其死也薄，其道大觳，使人忧，使人悲。其行难为也，恐其不可以为圣人之道，反天下之心，天下不堪。墨子虽能独任，奈天下何！离于天下，其去王也远矣。

墨子称道曰："昔者，禹之湮洪水，决江河，而通四夷九州也，名山三百，支川三千，小者无数。禹亲自操橐耜，而九杂天下之川，腓无胈，胫无毛，沐甚雨，栉疾风，置万国。禹大圣也，而形劳天下也如此。"使后世之墨者，多以裘褐为衣，以跂𫏋为服，日夜不休，以自苦为极，曰：不能如此，非禹之道也，不足谓墨。

相里勤之弟子,五侯之徒,南方之墨者苦获、已齿、邓陵子之属,俱诵《墨经》,而倍谲不同,相谓别墨。以坚白同异之辩相訾,以觭偶不仵之辞相应,以巨子为圣人,皆愿为之尸,冀得为其后世,至今不决。墨翟、禽滑厘之意则是,其行则非也。将使后世之墨者,必自苦以腓无胈、胫无毛,相进而已矣,乱之上也,治之下也。虽然,墨子真天下之好也,将求之不得也,虽枯槁不舍也,才士也夫!

不累于俗,不饰于物,不苟于人,不忮于众。愿天下之安宁,以活民命,人我之养,毕足而止,以此白心,古之道术有在于是者,宋钘、尹文闻其风而悦之。作为华山之冠以自表,接万物以别宥为始,语心之容,命之曰心之行。以聏合欢,以调海内,请欲置之以为主。见侮不辱,救民之斗,禁攻寝兵,救世之战。以此周行天下,上说下教,虽天下不取,强聒而不舍者也。故曰,上下见厌而强见也。

虽然,其为人太多,其自为太少,曰:"请欲固置五升之饭足矣,先生恐不得饱,弟子虽饥,不忘天下。日夜不休,曰,我必得活哉!图傲乎救世之士哉!曰:"君子不为苛察,不以身假物,以为无益于天下者,明之不如已也。"以禁攻寝兵为外,以情欲寡浅为内,其小大精粗,其行适至是而止。

公而不党,易而无私,决然无主,趣物而不两;不顾于虑,不谋于知,于物无择,与之俱往。古之道术有在于是者,彭蒙、田骈、慎到闻其风而说之。齐万物以为首,曰:天能覆之而不能载之,地能载之而不能覆之,大道能包之而不能辩之。知万物皆有所可,有所不可,故曰:"选则不遍,教则不至,道则无遗者矣。"

是故慎到弃知去己,而缘不得已,泠汰于物,以为道理,曰:知不知,将薄知而后邻伤之者也。謑髁无任,而笑天下之尚贤也;纵脱无行,而非天下之大圣;椎拍輐断,与物宛转,舍是与非,苟可以免。不师知虑,不知前后,魏然而已矣。推而后行,曳而后往,若飘风之还,若羽之旋,若磨石之隧，全而无非，动静无过，未尝有罪。是何故？夫无知之物，无建己之患，无用知之累，动静不离于理，是以终身无誉。故曰，至于若无知之物而已，无用贤圣，夫块不失道。豪杰相与笑之曰："慎到之道，非生人之行而至死人之理，适得怪焉。"

田骈亦然，学于彭蒙，得不教焉。彭蒙之师曰："古之道人，至于莫之是、莫之非而已矣，其风窢然，恶可而言！"常反人，不见观，而不免于鲵断。其所谓道非道，而所言之韪不免于非。彭蒙、田骈、慎到不知道，虽然，概乎皆尝有闻者也。

以本为精，以物为粗，以有积为不足，澹然独与神明居，古之道术有在于是者，关尹、老聃闻其风而悦之。建之以常无有，主之以太一，以濡弱谦下为表，以空虚不毁万物为实。关尹曰："在己无居，形物自著。其动若水，其静若镜，其应若响。芴乎若亡，寂乎若清。同焉者和，得焉者失，未尝先人而常随人。"老聃曰："知其雄，守其雌，为天下谿。知其白，守其辱，为天下谷。"人皆取先,己独取后,曰受天下之垢。人皆取实,己独取虚,无藏也故有余,岿然而有余。其行身也,徐而不费,无为也而笑巧。人皆求福,己独曲全,曰苟免于咎。以深为根,以约为纪,曰坚则毁矣,锐则挫矣。常宽容于物,不削于人,可谓至极。关尹、老聃乎!古之博大真人哉!

芴漠无形,变化无常,死与生与,天地并与,神明往与,芒乎何之,忽乎何适?万物毕罗,莫足以归。古之道术有在于是者,庄周闻其风而悦之。以谬悠之说,荒唐之言,无端崖之辞,时恣纵而不傥,不以觭见之也。以天下为沉浊,不可与庄语,以卮言为曼衍,以重言为真,以寓言为广,独与天地精神往来,而不敖倪于万物,不谴是非,以与世俗处。其书虽瑰玮,而连犿无伤也;其辞虽参差,而諔诡可观。彼其充实不可以已,上与造物者游,而下与外死生、无终始者为友。其于本也,宏大而辟,深闳而肆;其于宗也,可谓调适而上遂矣。虽然,其应于化而解于物也,其理不竭,其来不蜕,芒乎昧乎,未之尽者。

惠施多方,其书五车,其道舛驳,其言也不中。历物之意曰:"至大无外,谓之大一;至小无内,谓之小一。无厚不可积也,其大千里。天与地卑,山与泽平。日方中方睨,物方生方死。大同而与小同异,此之谓小同异,万物毕同毕异,此之谓大同异。南方无穷而有穷,今日适越而昔来。连环可解也。我知天下之中央,燕之北、越之南是也。泛爱万物,天地一体也。"

惠施以此为大,观于天下而晓辩者。天下之辩者相与乐之。卵有毛,鸡三足。郢有天下。犬可以为羊,马有卵,丁子有尾。火不热,山出口。轮不蹍地。目不见,指不至,至不绝。龟长于蛇。矩不方,规不可以为圆。凿不围枘。飞鸟之景,未尝动也。镞矢之疾,而若不行不止之时。狗非犬。黄马骊牛三。白狗黑。孤驹未尝有母。一尺之捶,日取其半,万世不竭。辩者以此与惠施相应,终身无穷。

桓团、公孙龙,辩者之徒,饰人之心,易人之意,能胜人之口,不能服人之心,辩者之囿也。惠施日以其知与人之辩，特与天下之辩者为怪，此其柢也。然惠施之口谈，自以为最贤，曰，天地其壮乎？施存雄而无术。

南方有倚人焉，曰黄缭，问天地所以不坠不陷，风雨雷霆之故。惠施不辞而应，不虑而对，遍为万物说。说而不休，多而无已，犹以为寡，益之以怪。以反人为实，而欲以胜人为名，是以与众不适也，弱于德，强于物，其途隩矣。由天地之道，观惠施之能，其犹一蚉一虻之劳者也，其于物也何庸！夫充一尚可曰愈，贵道几矣！惠施不能以此自宁，散于万物而不厌，卒以善辩为名，惜乎！惠施之才，骀荡而不得，逐万物而不反，是穷响以声，形与影竞走也，悲夫！

[译解]

天下治道术的有很多，都以自己所治的是最完善的。那么，古来的所谓"道术"，到底在何处呢？可以说，无处不在。既然无处不在，那么，神明何处降生，光明如何显露？圣明有所发生，王道有所成就，都以纯一的大道为根本。

不离开道的根源,叫作"天人";不离开道的精明,叫作"神人";不离开道的真象,叫作"至人";以天为根,以德为本,以道为门,变化万端,奇妙无穷,叫作"圣人";以仁做恩泽,以义做法则,以礼为行为,以乐做调节,温和地把恩泽施给百姓,这就是"君子";以法律做分别,以名相做表率,以参考来判断,以稽考为决断,条目像一二三四一样明,百官这样各守次序;以日常事务为意,以生产衣食为心,使物产丰富,财用充足,衰老的、幼弱的、孤儿和寡妇,都能够生活,这是百姓的大道。

古时的圣人都很完备了吧!与神明为一,取法天地,生育万物,调和天下,恩泽普及百姓,以道为本,以德为门。六合通达,四时畅适;小、大、精、粗,无不畅达。明白在制度礼文的,古时世代相传的历史里有许多的记载;关于《诗》《书》《礼》《乐》的,邹鲁的读书人和朝廷里的人,多半能知道——《诗》是通达心志的,《书》是记明事理的,《礼》是节制言行的,《乐》是调和人性的,《易》是燮理阴阳的,《春秋》是正名的;关于六经的陈迹分散在天下的,施用在中国,学派不同,时常称道。

及至天下大乱,贤人和圣人都隐藏起来,道便不像从前那般纯一了。天下的人多半只得了一偏的见解,互相夸大。譬如耳朵、眼睛、鼻子和嘴各自为政,不能互相配合,也像百家众技,都有专长,不能通用,不能包括大道的全部,只是一偏之人啊!分解天地之美,分析万物之理,离析古人之全,很少能有天地之美的全部,称神明之容。所以,内圣外王之道晦暗没有光明,隐蔽不能显露。天下的人都各行其知,以自为方。可叹啊!学派不同的百家,各自执迷不悟,不能和古时的道术相合。后代求学的人,不幸不能见到天地纯一的真相,古人全体的功用,道术被天下人分裂了。

以上说明道术的本源。

不使后代染奢侈的风气,不縻费万物,不用礼文修饰自己,用法度来勉励自己,完成世人最切要的事,古来道术中有这一派。墨翟和禽滑厘(墨翟的学生)听见这种风尚,很喜欢学。但他们做得太过分,太过节俭,著《非乐》和《节用》(都是《墨子》里的篇名),主张:生时不要唱歌,死后不要用衣饰厚葬。墨子主张博爱,谋众人的利益,反对战争,所以他教人温和,不使愤怒。他又喜欢求学问,极为渊博,觉得自己对,想令万物都和自己相同。但他和古代的圣王有不同的特点,他嫌他们太奢侈,主张破坏古代的礼节和音乐。关于古代的音乐,黄帝有《咸池》,尧有《大章》,舜有《大韶》,禹有《大夏》,汤有《大濩》,文王有《辟雍》,周武王和周公制音乐名《武》。古代的丧礼,贵贱有一定的礼仪,上下有一定的等级,天子的棺材有七层,诸侯的五层,大夫的三层,士两层。墨子却主张生时不要唱歌,死后不用衣饰厚葬,只用三寸厚的桐棺,连外面的椁都没有,将此定为法式。用此道教人,不是爱人;用此道自行,不是爱己。不是在攻击墨子,因为,人不能不唱歌,可墨子禁止唱歌；人不能不哭泣，可墨子禁止哭泣；人不能不快乐，可墨子连快乐也以为不对；这果然和人情相合吗？生时劳苦，死后薄葬，墨子之道太枯寂了！令人忧愁悲伤，令人难以实行，不可以算作圣人之道。背离天下人心，天下人必不接受；墨子虽能独行，让天下人怎么受得了呢？离开了天下人情，离开王道就远了！

　　墨子说他的道的本源道："从前，当禹堵塞大水，开决江河，使水流通于中国四境的时候，大川三百条，支流三千条，更有无数的小河。禹亲自拿着盛土的器具和掘土的锄头，将小川的水聚合到大川里，腿肚和小腿上的毫毛都被磨光了，冒着大雨，迎着暴风，分封建立了无数个小国。禹是大圣人，为天下人服役，还这般地劳苦他的形体。"所以令以后的学生：必定要穿粗布的衣服、木屐、草鞋，日夜不休，劳苦终身，说："不能这般，就不是禹道，不配为墨子的学生。"

　　等到相里勤（墨子的学生）的学生，五侯（相里勤的学生）的学生，以及南方的墨者——苦获、已齿和邓陵子等——全读《墨经》，变得更加怪异，都自称是墨子的别派；用"坚白"、"同异"的辩论互相攻击，用"单双相同"的理论互相应和；将巨子当作圣人，都愿奉他做主师，希望承继他的学统；到现在还争权夺利。墨翟和禽滑厘的思想是对的，可是他们的实行就错了。后代学墨子的，必将劳苦自己，以致用磨光腿肚和小腿上的毫毛来互相竞争，扰乱天下的罪多，治理天下的功少。但是，墨子真是爱天下的了，若求不到救天下的法子，虽毁坏自己的身体，都不肯离去，真是热心救世的人啊！

以上论墨子劳苦、俭薄、枯寂的学说。

不被世俗所系累，不用外物来矫饰自己，对人不苛求，也不忌妒，希望天下太平，人民都能维持生活；至于自己的俸养，只求饱足，不求有余，表白自己更没有别的意志，古来道术中有这一派。宋钘和尹文听见这种风尚，很喜欢，乃制造一种上下全平的冠帽，戴上表示自己平等。应接万物，首先要没有偏见；发言论时，主张和平，认为这是心的本相，用这个心去亲近万物，调和天下，求当时的君主都存这个心为行道的主要；虽受人的侮慢，并不以为是耻辱；救人民免于战争之祸，禁止攻斗，提倡缩减军队，去救世人。用这个宗旨，遍行天下，上以劝说国君，下以教化人民，虽然天下人都不用，还是勉强劝说不已。所以说："被上下厌弃，还喋喋不休。"

但是，他们谋别人的利益虽厚，对于自己却薄。看见别人替他进食，道："我只要五升之饭就够了。"先生都不得吃饱，弟子也饥饿，却不能忘却天下人。日夜不休地替天下人谋利益，说："我必能活下去的。"多么伟大的救世主啊！又说："君子对人不苛求，不靠外物维持身体的生存。"以为凡对天下没有利益的学术，都不必去彰显；用禁止攻斗、提倡息兵去救世；用清淡情感、减少欲望去修己。宋钘、尹文的所行，到这里就停止了，他们道术的小大精粗，也不过如此。

以上论宋钘和尹文的学术在于减少自己的欲望,救世人免于战争的祸。但是他们只知道爱别人,不知道爱自己,不能包括古时的道术。

　　公正而不阿党;平易没有私心;决断行事,没有一偏之见;随顺事物,没有两心;不起思虑,不用智谋;对于事物,不加选择,顺着事物的自然演进,古来的道术有这一派。彭蒙、田骈、和慎到(都是齐国的隐士)听见这种风尚很喜欢,将齐同万物看作首要。他们说:"天能覆盖万物,可是不能承载万物;地能承载万物,可是不能覆盖万物;大道能包容万物,对于万物的可否都不加分别。"知道万物各有可能,各有不可能,所以说:"选择就不能赅遍,教化就不能完备,一任大道,就没有遗弃下的了。"

　　所以慎到摒弃聪明,忘记自己,凡事不得已,顺着事物的必然,这就是他守的道。他说:"知道自己不知道,如果不知强为知,就会损伤别人了。"圆转不任职事,耻笑天下推重贤人的人;放纵不拘,没有被人称美的行为,不赞成天下的大圣人;与物宛转,顺着事物推移,以为不管是非,或可以免于患累;不学智巧谋虑,不问事的先后,想像大山一样独立不动。被推动才前进,被拖拉才行走,像风飘动一般,没有一定的方向,像鸟毛下落旋转,没有一定的着落,像磨石转动一般,圆转自然。能够这般,可以保全自己,不受别人的责备,举动没有过错,更不会得罪别人。这是为什么呢?譬如像木头和泥土,没有知觉,不建立自己的标准,不受指摘的祸患;不使用智巧,不遭忌恨的患累;动静随人安排,不离开物,终身不受人的称誉和毁谤。所以说:"但求像无知觉之物就行了,何须学圣贤人呢?土块也有道啊!"可是,豪杰们都讥笑道:"慎到的道,不是活人之道,是死人才能做到的,所以觉得很奇怪。"

田骈和慎到的理论相同,他做彭蒙的学生,教授不用口传,只实地学他的行动,很有心得。彭蒙的先生曾说:"古来有道的人不辨是非,无知无觉。他教化人时,像逆风迅速地吹过,哪里可以用言语传授呢?"他常常和众人的意见相反,不被别人赏识,可还是不能免于和事物圆顺地应接。他的道不是真的道;他称为对的,也不免错误。所以彭蒙、田骈和慎到三人简直不知道大道,只听得道的概要罢了。

以上论彭蒙、田骈和慎到的学术在于齐一万物,断灭智虑。但是和人情不合,又不深切地了解大道,所以不能算为古来的道术。

以本为精微,以物为粗劣,以有积蓄为不足,心地恬淡,保有清静无为的精神,古来的道术有这一派。关尹(周平王时任函谷关令,姓尹,名叫喜,号公度)和老聃(就是老子,姓李,名耳,号伯阳)听见这种风尚很喜欢,于是创立学教:以常无有为宗旨,以太一为主要,以谦虚谨慎为行为;以空虚不损碍万物为德。关尹曾说:"自己没有私心,随着物的自然显露自己;行动像流水,明察像镜子,感应像反响,都是出自无心;恍恍惚惚的像虚无,清静寂寞像不动;同则和,得则失;不超出众人,只跟随着众人。"老聃曾说:"认识雄强,持守柔弱,当天下的溪涧;认识光亮,持守羞辱,做天下的山谷。"人都争先,他独自居后,说:"宁可受天下人的污垢。"人都求实际,他独守虚无,不积蓄,所以能够有余。他立身行事,徐缓而不多事;虽没有作为,像是拙笨,反而讥笑机巧之人。人都去求福,他独委曲地去求保自己的安全,说:"只求免于祸害。"他以为,深奥是德的根本,省俭是行为的纲领,说:"坚硬就遭毁坏,锋锐就遭挫断。"以为应当待物宽容,不侵犯别人。这是道的极点了!关尹、老聃,是古来的博大真人啊!

　　以上论关尹和老聃的学说:虚无恬静,以柔和为主,摒去智巧,保身养性。可算不离道的本实,达到了大道的极点。

　　没有形状,变化多端;无生无死,和天地一体;精神恍恍惚惚返归太虚,恍恍惚惚的,究竟不知到的是什么去处;包罗万象,可是没有可以令我依归的,古来的道术中有这一派。庄周听见这种风尚很喜欢,用悠远的言论,荒唐的谎话,没有边际的言辞,时常放纵而不偏,没有一偏之见。以为天下执迷不悟,不能受庄重的教育,用卮言去推演事物的情理;引证前辈的话,让人相信是真的;用寄托虚构的话,去开阔别人的心意。与天地精神会合为一,不鄙视万物;不责备众人之过,和世俗和睦相处。他的书虽然奇伟弘壮,可是宛转混融,十分美妙;虽然文辞比较混乱,可是很值得阅读。他的道很宏大,没有穷尽,上与天地的主宰同游,下与生死不分的圣人做朋友。他对道的认识博大通达,精深宽阔;他对于宗趣的认识,非常和畅,达到最高了。可是他应付自然的变化,理解万物之情,十分宽广啊,来处没有形迹可求,浑浑沌沌的,没有人能形容尽他的妙处啊!

以上说庄子自己的道术,和大道的宗主融合,也达到了大道的最高点。

惠施的方术极多,他著的书可以装满五车,可是他的道术驳杂不纯,自相分裂;他的言论不合大道。他依次陈说物的大概道:"最大的没有外围,叫作'大一';最小的没有内涵,叫作'小一'。没有厚,所以更不可以堆积厚,可是大到千里。天和地互相处于卑下的地位(地球在空中运行,四围上下都是天空,所以说'天和地互相处于卑下的地位');高山和低水都处于平等的地位(高山上面又有低洼的水,所以说高山和低水的地位是平等的)。太阳到午后就偏了,万物一出生就死了。大同与小同相差异,这叫'小同异';万物完全相同,完全相异,这叫'大同异'。南方是没有穷境,但是既然称'南方',就有了穷境。今天到越国,昨天已经到了;因为知道有越时,心意已先到越。连环由空虚中互相穿过,可以自由地通转,所以说:'连环可解。'没有人能知道天的尽处,那么哪里晓得天下的中央不在人所称的'极北'和'极南'呢?应当泛爱万物,与天地为一。"

惠施以为这个是天下的大道理，拿去教辩论之徒；天下从事辩论的都喜欢这个学说。当时的辩论家都说："鸟蛋里若没有毛，怎么孵出来的鸟的身上会有毛呢？所以说：'鸟蛋里有毛。'鸡的两只脚以外还有鸡脚之名，所以说：'鸡有三只脚。'世人所称为'天下'的，不过是天子所有的地方，楚国的京师虽只有千里的面积，若楚国的国君自称'天子'，那么楚国的京师也可称为是'天下'了。'犬'和'羊'都是人起的名称，若当初称犬是'羊'，称羊是'犬'，那么'犬'就可以为羊了。马不生蛋，是胎生的，但是胎和蛋只是人情的分别，若由大道看去，胎和蛋本无分别，所以说'马生蛋'。虾蟆没有尾巴，但是虾蟆初生时的蝌蚪是有尾巴的，所以说'虾蟆有尾巴'。'火'只是一个名字，所以说'火不热'。山有出口，所以说'山出口'。车轮不着实地面，不然怎么能转动不停呢？眼睛只能靠光线才能看见，所以说'目不见'。指事不能达到物的实际，即使达到也不能绝对。龟的形体比蛇短，但是寿命比蛇长，所以说'龟比蛇长'。矩虽可画方形，但矩不是方形，所以说，圆规画不出圆来。孔洞对于木塞并没有填满，所以说'凿不围枘'。飞鸟的影子像是在动，其实动的是鸟，所以说'飞鸟之影未尝动也'。尖锐的箭发出后像是行得极快，但是箭的行动和静止都是人主动的，若专就箭自己说去，就有'不行动也不停止'的时候了。'狗'和'犬'都是人起的不同的名称，'狗'是狗，'犬'也是狗，但是'狗'和'犬'两个名称不同，所以说'狗不是犬'。

黄马和骊牛本是两个动物,称作'黄马骊牛',则成为三件物事。'白'和'黑'都是人起的颜色名称,若当初称白色为'黑色',称黑色为'白色',那么,白狗就是黑狗了。没有母亲的小马,生时总有母亲,母亲死后,它才没有母亲,但是若称它为'没有母亲的小马',也可以说它不曾有母亲。一尺长的杖,若每天去掉二分之一,那永远有另外的二分之一存在,虽然继续去掉到一万世,终不能分尽。"这些辩论家用以上的理论和惠施互相争辩,终身不已。

桓团和公孙龙这些辩论家,能隐惑别人的心思,改变别人的意见,只能屈服众人的口,不能感服众人的心。辩论家迷惑在这一派学说中,不能超脱出来。惠施常常逞自己的聪明,和人辩驳,和天下的辩论家创怪异之论。惠施的大略,不过如此。然而惠施的辩论,自以为明白道理,比众人都贤,他说:"只有天地为伟大吧?"他自以为只有天地较他伟大。但是,惠施只有胜过人的意见,并没有合道理的学术啊!

南方有一个奇异的人,名叫黄缭,他问天地不崩坏和风雨雷电发生的缘故,惠施听了,不加推辞,不加思索,就轻率地回答了。他遍讲万物的根由,说个不停,话极繁多,没有定限;他仍觉得少,更加些奇怪的话,以违反人情为实际,欲胜过众人求声名,所以不能和众人和睦。他的德极薄弱,只一味向外物逞强,所以说:他的学说迂曲,不是大道啊!由天地的大道看去,惠子的才能不过像一只蚊虫一般,对于万物有什么用呢?

圣王的大道本源纯一，须加扩充，何须逐物！这样，对于道的成功就不远了。惠施不能用纯一之道安定己心，反因万物乱了自己的精神，不觉厌倦，结果以善于辩论得名。可惜啊！惠子有这般好的才质，放荡于物，毫无所得；追随万物，不能返于道，就像用声音去压倒反响，用形体去和影子竞走一般，都是不知务本的啊，可悲呀！

  以上论惠子的学说：只是辩论家一流，离大道极远。反衬庄子自己深明大道，不是只恃口舌服人的辩论家。